Questo testo è stato realizzato in collaborazione con
Il Segno di Fido

Davide Marinelli

PositivaMente insieme

Cinque strategie per trasformare
il rapporto con il tuo cane

goWare

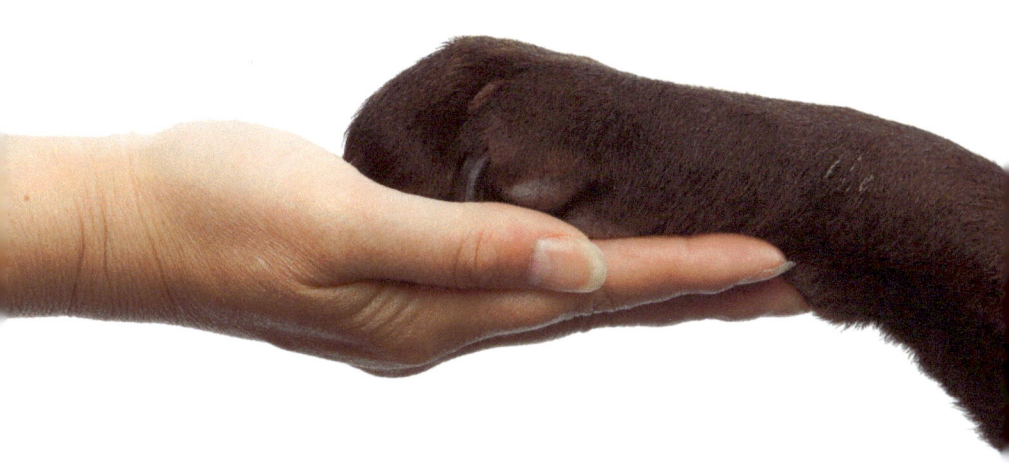

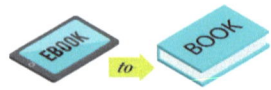
L'ebook è molto di +
Seguici su facebook, twitter, ebook extra

© 2015 goWare, Firenze

ISBN 978-88-6797-304-0

Redazione: Giacomo Fontani
Copertina: Lorenzo Puliti
Sviluppo ePub: Elisa Baglioni

L'immagine in copertina e le foto nel testo sono di Elisa Bellucci
© Elisa Bellucci www.elisabellucci.it

goWare è una startup fiorentina specializzata in digital publishing
Fateci avere i vostri commenti a: info@goware-apps.it
Blogger e giornalisti possono richiedere una copia saggio
a Maria Ranieri: mari@goware-apps.com

Prefazione

di Marta Bottali (educatrice cinofila Il Segno di Fido)

La varietà di approcci e le diverse voci che si occupano della complessa relazione tra il cane e l'uomo sono in costante aumento, e per chi voglia addentrarsi in questo mondo c'è il forte rischio di trovare contraddizioni e poca chiarezza.

Il Segno di Fido nasce come arricchimento per chi abbia deciso di adottare un cane. L'associazione cinofila opera accanto ai singoli proprietari, e attraverso la serie di ebook che proponiamo vogliamo offrire prospettive diverse ma coerenti per chi voglia lasciarsi guidare nel bellissimo mondo dei cani, vivendo con attenzione e cura la relazione con essi.

PositivaMente insieme è il secondo ebook che l'associazione Il Segno di Fido consiglia a chi desidera un approfondimento o trovare nuovi spunti di riflessione nel rapporto che si crea con il cane domestico.

L'autore, Davide Marinelli, ci guida attraverso cinque principi che possano caratterizzare tutto il nostro percorso di vita insieme a un cane, per accompagnarlo e farci accompagnare con serenità e rispetto in tante diverse situazioni quotidiane.

Le "strategie" illustrate nel testo non vogliono essere un manuale di educazione universale: con la consapevolezza che la natura e la personalità di ogni cane sono diverse, si offrono cinque punti di vista, cinque focus con cui guardare al cane, nell'ottica di volerlo vivere in piena consapevolezza e rispetto.

Attraverso questo testo confermiamo il nostro impegno verso una comprensione e un approccio che sia rispettoso nei confronti dell'animale, che ne sappia valorizzare la peculiarità e la singolarità nell'educarlo a vivere serenamente nel contesto famigliare in cui è inserito.

Se per Il Segno di Fido "educare" significa far emergere, far crescere e indirizzare le caratteristiche di specie e di razza, il rinforzo positivo, i cui principi sono qui chiaramente esposti dell'autore, è il solo modo per permettere questo, in un circolo di fiducia che lascia al cane la possibilità di esprimersi e di essere, senza coercizioni fisiche o psicologiche da parte del suo proprietario.

Lasciamoci quindi guidare dall'ottimismo e dalla passione di Davide Marinelli, dog trainer di grande esperienza e capacità, e scopriamo la gioia di vivere davvero positivamente insieme al nostro fidato amico a quattro zampe.

Buona lettura con Il Segno di Fido.

*A Ryan e Cooper
che hanno sempre accettato i miei errori
perché sapevano che in fondo
ero solo un essere umano*

1. Premessa

1. Premessa

Questo libro vuol farti fare un breve, ma intenso, viaggio nel mondo del **rinforzo positivo**. Questa espressione, che magari già conosci o che potresti non aver mai sentito, in realtà permea la tua vita di ogni giorno, e anche se non te ne sei mai accorto influisce più di quanto tu possa immaginare sul tuo modo di comportarti.

Il rinforzo positivo è il più potente mezzo che hai a disposizione per poter creare con il tuo cane una fantastica relazione fondata sulla fiducia, sul rispetto e sulla collaborazione.

Ti illustrerò concetti semplici che potrai utilizzare nella quotidiana convivenza con il tuo cane, ma stai attento: **anche se una cosa è semplice, non significa che sia facile!**

Spesso la difficoltà iniziale è data dal modo diverso con cui normalmente siamo soliti vedere le cose che ci accadono ogni giorno, e pertanto anche le dinamiche che ci sono tra noi e il nostro cane sono profondamente influenzate dal nostro **atteggiamento abituale**.

Per poter sviluppare il giusto atteggiamento mentale è sicuramente necessario un piccolo sacrificio iniziale, ma il **cambio di prospettiva** ci darà in cambio un ritorno esponenziale in termini di soddisfazione, serenità e gioia nel vivere il nostro cane.

Mi sentirai spesso utilizzare la parola **training**, che a mio avviso contiene al suo interno tutto ciò che è: educare, istruire e addestrare.

Cercherò di mantenere uno **stile pragmatico**, radicato alla realtà, perché ritengo che solo approcciando il tuo cane senza sovrastrutture potrete realmente godere l'uno dell'altro.

Buon viaggio!

2. Apprendere dall'esperienza

Ogni organismo su questa terra, dal più semplice al più complesso, tende a imparare dall'esperienza di ogni giorno. Attraverso il suo operare troverà più vantaggioso compiere certe azioni piuttosto che altre. Imparerà che alcune sono per lui svantaggiose, sfavorevoli e pertanto poco funzionali per i suoi obiettivi, quindi le abbandonerà per delle altre.

Questo accade nel quotidiano, sia nel mondo degli uomini, sia nel regno animale.

Esseri umani e animali, selvatici o domestici che siano, rispondono a principi che vengono studiati da una disciplina scientifica che prende il nome di **analisi del comportamento applicata** (*applied behavioral analysis*).

È evidente e innegabile che c'è una differente profondità di pensiero tra il ragionamento di un essere umano e quello di un cane, non per questo però gli esseri umani riescono a sottrarsi a tali principi.

Io non sono uno psicologo e questo ovviamente non è un testo di psicologia. Sicuramente però nel mio lavoro con i cani ho potuto appurare che gli strumenti più efficaci me li ha dati l'analisi del comportamento applicata agli animali (*animal applied behavioral analisys*).

Burrhus Frederic Skinner, un famoso psicologo statunitense, negli anni Trenta teorizzò e dimostrò scientificamente il **condizionamento operante**, riassumibile in una particolare matrice [Figura 1 – La matrice del condizionamento operante di Skinner, pag. 76].

È molto probabile che la parola **condizionamento** ti possa fare inorridire. Lo posso capire, perché nel linguaggio comune viene spesso utilizzata come sinonimo di circuire, privare della possibilità di scelta autonoma, ma in realtà ti posso garantire che nulla di tutto questo è ciò che si verifica quando si utilizzano questi principi nel lavoro con gli animali e nel lavoro con le persone.

Già, anche nel lavoro con le persone, perché devi sapere che l'analisi applicata del comportamento è, a oggi, l'unico strumento scientificamente riconosciuto come valido supporto alla condizione autistica. Gli interventi precoci che vengono effettuati con bambini che hanno questa diagnosi hanno il loro fondamento nell'analisi del comportamento, e infatti sono chiamati interventi ABA (acronimo di Applied Behavioral Analisys).

Dagli studi iniziali di Skinner a oggi, di tempo ne è passato. Ma non pensare che siano ormai superati perché quei principi rimangono ovviamente validi e, inoltre, sono stati integrati con ulteriori ottanta anni di studi e ricerche!

Ma vediamo di analizzare più in profondità la matrice del condizionamento operante; essa evidenzia un concetto molto semplice.

– I comportamenti tendono a essere **più probabili** se vengono **rinforzati**

– I comportamenti tendono a essere **meno probabili** se vengono **puniti**

E fino a qui non credo troverai nulla di trascendentale, ma andiamo avanti.

– Un comportamento può essere **rinforzato** utilizzando un **rinforzo positivo** (+) o un **rinforzo negativo** (–)

– Un comportamento può essere **punito** utilizzando una **punizione positiva** (+) o una **punizione negativa** (–)

Come va? Ti sto facendo confusione? Ricordati sempre che le parole "positivo" e "negativo" non hanno connotazioni morali, ma sono segni algebrici che servono ad indicare l'azione di **dare** (+) o l'azione di **togliere** (–).

Dare o togliere. Ma cosa? Posso capirti se questo è il tuo pensiero di adesso, ma non preoccuparti: questo è quello che succede a tutti quelli che si avvicinano la prima volta a questa materia.

Fai mente locale su quello che desideri e quello che non desideri. Ovviamente per certi versi è una questione soggettiva, ma non lo è per tutto, ad esempio se consideriamo il bere, il mangiare, il dolore ecc. di soggettivo c'è ben poco!

Proviamo ad analizzare la questione del rendere più probabili certi comportamenti rinforzandoli.

Un tuo comportamento sarà più probabile se dopo la tua azione ti verrà **dato** (+) qualcosa che **desideri** (**rinforzo positivo**), oppure ti verrà **tolto** (−) qualcosa che **non desideri** (**rinforzo negativo**) [Figura 1 − La matrice del condizionamento operante di Skinner, pag. 76].

Cercherò di essere chiaro e semplice facendoti degli esempi che appartengono alla tua vita di tutti i giorni.

Se hai sete, il comportamento di aprire il frigo è rinforzato dal trovare qualcosa di dissetante (**R+**) all'interno.

Se sei in macchina e non hai ancora allacciato le cinture, il comportamento di allacciarle ti permetterà di interrompere il fastidioso cicalino di segnalazione (**R−**).

Quindi ricapitolando:
− **R+** (rinforzo positivo) viene **aggiunto qualcosa che desideri**: trovo la bibita dissetante.
− **R−** (rinforzo negativo) viene **tolto qualcosa che non desideri**: si spegne il fastidioso rumore del cicalino.

Tutto più chiaro ora?

Ma vediamo ora la parte relativa alla riduzione della probabilità che un comportamento si verifichi: le punizioni. Fai sempre mente locale sulla questione del desiderare o non desiderare qualcosa...

Un comportamento tenderà a essere meno probabile se a seguire viene **dato** (+) qualcosa che **non desidero** (**punizione positiva**) o viene **tolto** (−) qualcosa che **desidero** (**punizione negativa**) [Figura 1 − La matrice del condizionamento operante di Skinner, pag. 76].

Ma torniamo agli esempi della tua vita quotidiana. Se la tazza del caffè è ancora bollente, il comportamento di bere si interromperà non appena le tue labbra sentiranno (+) la temperatura cauterizzante (punizione positiva). Se invece stai guardando il tuo film preferito e tua/o moglie/marito ti chiede di aiutarla/o a sistemare la tavola invano, di fronte al tuo mancato aiuto la televisione ti verrà improvvisamente spenta (−) e perderai d'un tratto la visione del tuo film preferito (punizione negativa).

− **P+** (punizione positiva) viene **aggiunto qualcosa che non desideri**: dolore dato dalla tazza bollente.

– P– (punizione negativa) ti viene **tolto qualcosa che desideri**: la visione del tuo film preferito.

Riflettendoci un po', troverai tanti altri esempi che fanno parte della tua vita di tutti i giorni. Come vedi, questi principi spiegano qualcosa che esiste ed è reale, come appunto l'esperienza nel quotidiano.

Come ti accennavo prima, questi principi valgono per ogni organismo vivente sulla faccia della terra e pertanto sono strumenti eccezionali con gli animali, che sono creature semplici, logiche e trasparenti.

Quello che risulta chiaro da questi esempi è che puoi scegliere di operare seguendo fondamentalmente due strade:
1) Lavorare facendo leva sulla **motivazione**, utilizzando ciò che il soggetto desidera: **rinforzo positivo** e **punizione negativa**.
2) Lavorare sull'evitamento di **situazioni spiacevoli**, utilizzando ciò che il soggetto non desidera: **rinforzo negativo** e **punizione positiva**.

Lavorare concentrandosi unicamente sulla motivazione ti potrebbe sembrare utopistico, lo posso comprendere benissimo, ma ti garantisco che non è così. È ovvio che nella vita di tutti i giorni l'evitamento di situazioni pericolose ci mantiene vivi, ad esempio essere cauti quando ci sporgiamo dal parapetto di un palazzo, oppure quando attraversiamo la strada... Ma è altrettanto vero che se devi insegnare a tuo figlio a prestare attenzione nel momento di attraversare la strada non credo che userai la tecnica di farlo scampare all'investimento di un camion!

Nelle prossime pagine capirai concretamente come fare a utilizzare, con la massima efficacia, alcune strategie per poter essere costruttivo, propositivo e motivante nella vita di tutti i giorni con il tuo fedele amico.

Il lavoro che fa leva sulle **motivazioni** (ciò che il cane desidera), e quindi sul rinforzo positivo, **non ha alcun effetto collaterale**, cosa che invece non si può dire se scegli di utilizzare tecniche che prevedono l'utilizzo dell'evitamento (vedi Appendice, "La coercizione è per deboli e crea solo danni!", pag. 68) [Figura 2 – Il potere del rinforzo positivo (R+), pag. 77].

Va bene, voglio essere totalmente onesto con te. Se sceglierai di seguire la strada del lavoro in rinforzo positivo, stai molto attento perché ha un grande effetto collaterale: ti farà diventare un dannato ottimista!

3. La motivazione nel regno dei cani

Prima di poter utilizzare le motivazioni per poter costruire un fantastico rapporto con il tuo cane, devi conoscerle e soprattutto devi conoscere il tuo cane.

Già, perché non necessariamente ciò che piace a un cane può piacere al tuo. Certo esistono delle cose che sono **naturalmente rinforzanti** (il tuo cane le desidera senza che tu debba insegnargli ad apprezzarle) e altre hanno invece la necessità di essere prima scoperte, e dopo essere state conosciute possono essere utilizzate come **rinforzi** (userò questo termine per indicare tutto quello che è un R+, cioè un rinforzo positivo, ormai questo simbolo ti è già chiaro immagino...).

Generalmente un cane desidera: acqua, cibo, contatto sociale, gioco, sesso, sicurezza e tutto ciò che appaga il suo istinto!

Sesso?! Sì, esatto, anche i cani hanno pulsioni sessuali, come ben immagini, ma capirai bene – senza che mi dilunghi in spiegazioni – che la gestione del sesso non rientra in qualcosa di utilizzabile ai fini del training!

Per quanto riguarda la questione **istinto** sarebbe necessario un libro a parte per parlartene in maniera approfondita. Quello che mi limiterò ad accennarti qui è questo: ricordati che il tuo cane deriva dal lupo selvatico, che è ovviamente un predatore. Cacciare, inseguire, essere vigili e protettivi, sono alcuni esempi di tratti comportamentali istintivi che appartengono al suo progenitore e che il tuo cane, in differente misura, ha dentro di sé. L'uomo, attraverso l'opera di domesticazione e selezione, ha modificato alcuni di questi tratti e pertanto, a seconda della razza alla quale il tuo cane appartiene o da cui deriva, troverai dentro di lui tutte le pulsioni istintive che appartengono a un predatore. Ovviamente i tratti istintivi sono assolutamente utilizzabili nel training del tuo cane.

Veniamo alla **sicurezza**. Il senso di sicurezza è di primaria importanza per un animale, e non solo... infatti lo è anche per noi esseri umani. Se non ci sentiamo sicuri, se ci sentiamo in pericolo, diventiamo attenti, vigili e pronti alla lotta o alla fuga di fronte a un evento che percepiamo come una minaccia per la nostra incolumità. Pertanto è importantissimo imparare a leggere lo stato d'animo del tuo cane prima di pretendere da lui qualsiasi cosa. Ho usato appositamente la parola "leggere" perché il cane ci permette, attraverso l'osservazione del suo linguaggio corporeo, di capire se in una situazione è a suo agio oppure non si sente tranquillo, se è spaventato e vorrebbe quindi scappare via. Ricordati sempre: se il tuo cane non si sente sicuro, non si nutrirà neanche del suo cibo preferito e nemmeno vorrà bere!

Mi rimane ancora di parlare di acqua, cibo, contatto sociale, gioco, ma prima di entrare nel dettaglio vorrei farti riflettere su una cosa. Supponiamo che il tuo cibo preferito sia il tiramisù. Immagina questo: tiramisù a colazione, tiramisù a pranzo e a cena, tiramisù negli spuntini del mattino e del pomeriggio, tiramisù prima di andare a letto e – perché no? – tiramisù nel bel mezzo della notte quando vaghi con gli occhi ancora chiusi alla ricerca del frigorifero. Immagina questo scenario ripetuto per più giorni consecutivi. Credo che ora, a meno che tu non sia un caso patologico, solo a immaginarti quello scenario tu stia provando un senso soffocante di nausea. Con questo esempio voglio farti pensare a quel fenomeno che si chiama **saziazione**: anche la più bella cosa che desideriamo può saturare il suo effetto di produrre gratificazione. Con questo voglio dirti di cercare di **avere misura** nel fornire al tuo cane ciò che gli piace e che desidera. Usa il buon senso **non svalutando né inflazionando** quello che lui desidera e non deprivarlo di quello che gli serve per sopravvivere. Acqua sempre a disposizione e cibo in quantità necessaria a farlo vivere in salute non dovrai mai farglieli mancare, ma per quanto riguarda il resto **gestiscilo con attenzione**.

"Cibo in quantità necessaria a farlo vivere in salute" significa, mediamente, meno di quello che normalmente i proprietari di cani danno ai loro amici a quattro zampe. La maggior parte dei cani da compagnia è in sovrappeso se non in condizione di obesità. Basta che ti guardi con attenzione intorno quando passeggi e vedrai che non ti sto dando una notizia falsa e tendenziosa, purtroppo.

L'**acqua** non viene di norma utilizzata nel training del cane, ma sicuramente un'oculata gestione del **cibo** quotidiano potrebbe far trovare al tuo cane notevole soddisfazione. Ricordi che ti ho appena detto che il tuo cane deriva dal lupo selvatico? Da un predatore? Ebbene i predatori si nutrono del frutto della loro azione di caccia e non di ciò che compare a sforzo zero nella ciotola più volte al giorno. Con questo voglio dire che parte del quantitativo di cibo che giornalmente viene fornito al cane puoi utilizzarlo nel training. Non solo: la modalità con la quale glielo fornisci può appagarlo diversamente dal mangiarlo pigramente dalla ciotola. Ad esempio, dopo avergli insegnato a cercare, potresti fornire la razione di crocchette del mattino, che gli dai prima di andare in ufficio, non nella ciotola, ma sparse in giardino o in balcone. Oppure potresti nascondere in una o più stanze delle piccole ciotole contenenti la sua razione... Una caccia in salotto per un predatore casalingo! Ti posso garantire che a tutti i cani piace impegnarsi per ottenere qualcosa che li gratifica, a meno che nella loro vita quotidiana tutto venga fornito a costo zero. Ma di questo ti ho già parlato prima, **non svalutare risorse** che poi dovrai usare e ricorda: **viziati si diventa, non si nasce!**

Quando parliamo di **contatto sociale** potremmo parlare di **interazioni fisiche**. Non esiste un modello universale di interazione che piace a tutti i cani nello stesso modo. Sicuramente devi conoscere il tuo cane e capire che cosa a lui piace. Le motivazioni che possono spingere il tuo amico a quattro zampe ad apprezzare o meno la tua vicinanza, il tuo contatto fisico dipendono da diversi fattori. Alcuni di questi possono essere il carattere individuale, la razza di appartenenza, le esperienze apprese ecc. Sta di fatto che il tuo compito è quello di far sì che l'interazione fisica tra te e il tuo cane sia positiva, piacevole, rilassante. Certo è che se sei solito prenderlo a sberle, tirargli la coda o pizzicargli le orecchie, è evidente che non è necessaria una mia spiegazione per capire il perché di questo mancato desiderio di avere contatto con te. Dalla parte opposta, se gli sei sempre addosso in ogni istante, lo accarezzi di continuo, in maniera morbosa e assillante, è bene ricordare che forse stai esagerando. Ricordati sempre che nella gestione di ciò che il tuo cane desidera ci vuole la **giusta misura!**

E veniamo ora al **gioco**. Dietro questa parola c'è letteralmente un mondo. Per "gioco" non intendo solo qualcosa di fisico, il supporto materiale che si acquista o si costruisce. Intendo portare la tua attenzione su come tu utilizzi quel qualcosa per farlo **divertire**. Saper giocare bene con un cane non è un obiettivo facile da centrare al primo colpo, serve conoscerlo, serve capire cosa a lui piace di più e serve **gestire bene il momento di gioco**. È evidente che esistono delle cose, degli oggetti diversi con cui il tuo cane si diverte in autonomia, ed è giusto che li abbia [Figura 3 – Trova almeno nove cose che facciano impazzire il tuo cane, pag. 78]. Gestiscili in maniera oculata, non lasciarglieli sempre a disposizione, ma forniscigli uno alla volta, a rotazione giornaliera, affinché non perdano mai il loro effetto sorpresa. Quello su cui, invece, voglio farti prestare maggiormente attenzione sono i **giochi di interazione** tra te e il tuo cane, ossia il rincorrere la palla, il tira e molla fatto con oggetti appositi, il riporto ecc. Il valore che hanno questi giochi è racchiuso in quello che tu riesci **a suscitare nel tuo cane**. In questi giochi di interazione puoi canalizzare, appagandoli, gli istinti da predatore presenti nel tuo cane, ma è chiaro che occorre avere un po' di "mano" e farseli insegnare da un trainer competente è probabilmente la cosa migliore per non annoiare il tuo cane!

4. Le cinque strategie

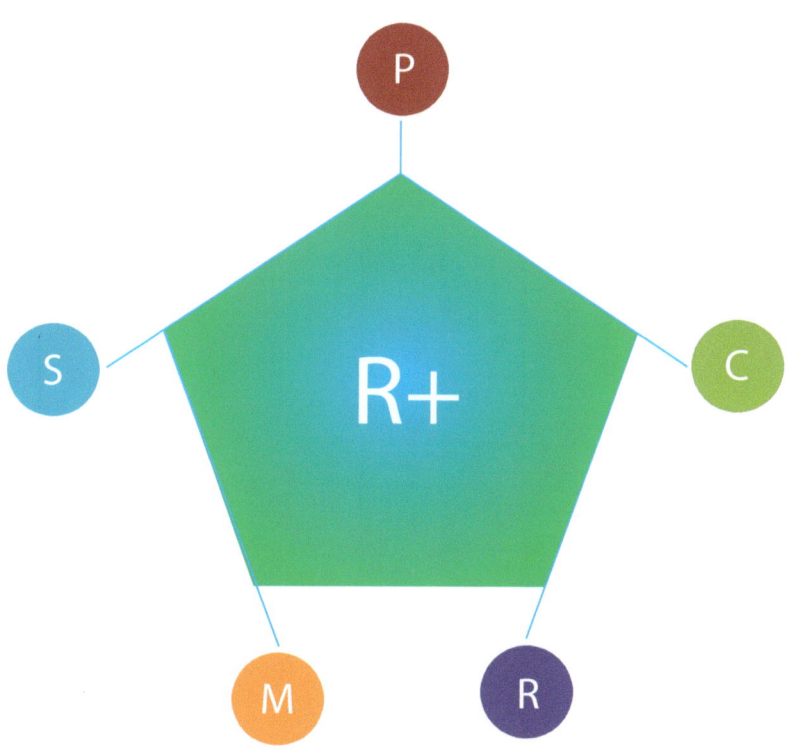

Prima strategia:
la giusta PROSPETTIVA

Recentemente mi è capitato di ascoltare alla radio uno spot pubblicitario di una famosa compagnia assicurativa che dice: «Guardare la vita con positività è il primo passo per migliorarla».

Sicuramente l'obiettivo di chi ha pianificato questa campagna di marketing è quello di infondere fiducia in questo periodo, in cui la realtà economica che ci circonda ci fa sentire tutti un po' sfiduciati. Indipendentemente dal fattore marketing non posso che sottoscrivere in pieno quell'affermazione!

Noi esseri umani, per natura e per modalità diffusa, abbiamo sviluppato un modo automatico di approcciarci alle cose che invece non ha proprio nulla a che spartire con questo atteggiamento citato dalla pubblicità. È vero che nella nostra evoluzione di specie l'essere cauti e attenti ai pericoli ci ha garantito maggiori possibilità di sopravvivere, ma è anche vero che questo atteggiamento perenne di diffidenza e di vigilanza nei confronti di tutto ciò che non conosciamo ci può portare alla deriva, facendoci sviluppare atteggiamenti prevenuti e pessimistici.

Questa deriva tende a far maggiormente focalizzare la propria attenzione su ciò che non va, piuttosto che su ciò che va bene. Ovviamente non voglio generalizzare, ma per esperienza professionale ho potuto constatare che la tendenza media del proprietario di cani è quella di focalizzarsi maggiormente sugli errori di Fido, su ciò che non fa in maniera corretta, piuttosto che sul resto. Tu che ne pensi?

■ 4. LE CINQUE STRATEGIE

Vorrei spiegarmi meglio. Non intendo dire che se il Titanic sta affondando sia il caso di stare sul ponte della nave cantando allegramente e bevendo champagne, sperando in una sorte migliore. Non sono qui per farti un'infusione di siero della positività. Quello che voglio cercare di trasmetterti è che concentrarsi unicamente sugli errori del tuo cane non porterà a nulla di buono nel rapporto con lui. Il mio lavoro mi ha insegnato negli anni che se si vuol essere costruttivi è necessario **sviluppare un apposito filtro** con cui osservare la realtà.

Qui nasce un problema che la nostra specie si porta dietro, relativamente alla modalità con cui cerca generalmente di gestire le problematiche: attende l'errore per poi punirlo. Se non funziona la prima punizione, si aumenta il grado della seconda punizione, e se non basta quel livello di correzione si aumenta ancora. Generalmente questo rappresenta l'approccio più diffuso nella gestione dei comportamenti non desiderati: mediante la repressione, mediante la minaccia della punizione.

Questo è il modello che ci appartiene, quello con cui veniamo cresciuti, che nella gestione della società umana, secondo alcuni, può servire per regolare la massa. Non sono qui per discutere se le persone si potrebbero gestire in altra maniera. Sono qui per dirti a gran voce che, nella gestione degli animali, questo modello è limitato e non funziona! Perché ha unicamente un obiettivo: la repressione. Questo modello non costruisce nulla ed è per questo che va abbandonato, perché fallimentare e inefficace.

Nel momento stesso in cui hai deciso che nella tua vita ci sarebbe dovuto essere un cane, credo che nella tua mente tu abbia immaginato: bei momenti insieme, attività all'aria aperta, condivisione di esperienze ecc.

Il cane è un compagno di vita e non un soggetto da umiliare né reprimere, giusto?

A un cane bisogna necessariamente insegnare come comportarsi per essere ben inserito nel mondo degli uomini, per non creare problemi né a te, né a lui, né a chi ti sta intorno e che magari non lo ama. Questi insegnamenti inoltre ti permettono di gestirlo al meglio e consentono a lui di avere una vita felice. Ricordati che **un cane sotto il controllo del suo proprietario è un cane libero e sicuro**. Più il suo proprietario è in grado di controllarlo e maggiore sarà la libertà che gli si potrà concedere. Un cane fuori controllo invece è un cane in pericolo e che può mettere in pericolo l'incolumità degli altri!

Gli insegnamenti di cui Fido necessita devono essere costruiti attraverso un adeguato training. Questi comportamenti devono essere resi via via più probabili, più frequenti, a seguito di una nostra richiesta. Se ricordi bene, la matrice del condizionamento operante ci fornisce due strade da percorrere per rendere dei comportamenti sempre più probabili: R+ (rinforzo positivo) e R− (rinforzo negativo) [Figura 1 − La matrice del condizionamento operante di Skinner, pag. 76].

Abbiamo già visto che l'utilizzo dell'evitamento di una spiacevolezza, ossia l'uso dell'R−, non è la strada che vogliamo percorrere. Non vuoi che il tuo cane risponda alle tue richieste per paura, giusto? Se invece desideri questo, lasciatelo dire, forse una visita da un bravo psicologo è quello che ti serve...

A questo punto ci si apre di fronte l'immensa strada del **rinforzo positivo**, che ci dà la possibilità di fare leva sulle motivazioni del tuo cane, di usare quello che lui desidera.

Utilizzando ciò che il tuo cane desidera lo renderai anche felice, otterrai quindi un doppio vantaggio. **Renderai il tuo cane felice di rispondere alle tue richieste!** Sembra strano ma è così e non c'è alcun trucco, perché sono i principi della scienza del comportamento che ce lo dimostrano!

Ricordati bene questa frase, d'ora in poi dovrà diventare il tuo mantra:

> Un comportamento a cui segue un rinforzo positivo tenderà a essere più probabile in futuro. Se lo rinforzerò frequentemente, il comportamento diventerà sempre più probabile sino a diventare un'abitudine.

Ecco qui che entra in ballo quel particolare filtro cui ti ho accennato qualche momento fa. Dovrai imparare a sviluppare la **giusta prospettiva** con cui osservare gli eventi.

Generalmente credo proprio che anche tu sia portato a utilizzare il silenzio assenso quando Fido si sta comportando bene, e tra te e te pensi: "Però... non si è comportato male come al suo solito... Chissà che non stia imparando...".

E invece sei sicuramente interventista, urlando e magari non solo, nel momento in cui Fido sta emettendo un comportamento sgradito: «Nooo... Fidooo... Ti ho detto di nooo!».

Posso farti un esempio che ti permetterà di identificare bene quello di cui ti sto parlando.

Il tuo cane generalmente accoglie gli ospiti saltando loro addosso e tormentandoli, comportamento indesiderato che tu cerchi di reprimere da tempo memorabile urlando e ingaggiando con lui, invano, dei corpo a corpo. Un bel giorno, per una strana coincidenza astrale, il tuo cane si ritrova con tutte e quattro le zampe a terra, senza saltare addosso al tecnico della caldaia che hai appena fatto entrare in casa. Quel suo comportamento, che a te risulterà come un'anomalia, ti lascia di stucco, rimani quasi basito perché normalmente Fido non fa così con gli ospiti, e magari gongoli pensando che stia finalmente imparando. Il tecnico fa il suo lavoro e se ne va, mentre Fido è rimasto tranquillo tutto il tempo nella sua cesta.

Di fronte a questa situazione esistono due prospettive con cui poterla osservare: quella consueta del silenzio assenso, ossia dentro di te pensi che Fido stia finalmente imparando, oppure la **giusta prospettiva**.

Per "giusta prospettiva" intendo il vedere quella situazione come un'**opportunità per poter rinforzare il comportamento desiderato** che Fido ci ha presentato, spontaneamente.

Ogni lasciata è persa, mai detto è più azzeccato nel training degli animali secondo la filosofia del rinforzo positivo. Se tu inizi a vedere quello che il tuo cane fa di buono e lo inizi a rinforzare con qualcosa che lui desidera, avvii un processo costruttivo senza eguali. Se impari a leggere i fatti reali attraverso un filtro che focalizza la tua attenzione su ciò che il tuo cane fa di buono, e a quei comportamenti fai seguire un rinforzo positivo, l'accelerazione dell'apprendimento sarà inarrestabile.

Non aspettare che il tuo cane commetta ciò che non desideri, anticipalo prima che lo metta in atto, rinforzando il comportamento che invece desideri.

Ormai avrai capito che quando uso la parola **rinforzare** intendo dire di dare al cane qualcosa che lui vuole:
– **cibo** (le sue crocchette preferite, piccoli pezzi di carne o formaggio ecc.);
– **gioco** (attiva un momento di gioco con lui o forniscigli qualcosa con cui lui si può divertire in autonomia);
– **contatto sociale** (dagli attenzione, accarezzalo dove a lui piace ecc.);
– **fargli fare qualcosa** che gli piace.

Ricorda: un rinforzo positivo, qualsiasi cosa che il tuo cane apprezza, anche un'azione è un R+ (correre, uscire in giardino, giocare con gli altri cani, fare una passeggiata con te ecc.).

Per sviluppare **la strategia della giusta prospettiva** serve consapevolezza, serve sviluppare il giusto atteggiamento mentale. Non è certo facile, e non è sicuramente immediato, ma ti posso garantire che il ritorno che otterrai sarà appagante sia per te che per il tuo cane, e sarà duraturo. Una volta innescato il cambiamento attraverso l'impiego del **rinforzo positivo** sarà il tuo stesso cane a essere propositivo, perché vorrà essere rinforzato con qualcosa che desidera. Ottenendo il suo rinforzo positivo sarà felice, e anche tu lo sarai perché vedrai che questo lo farà stare bene. E non dimenticarti che in questa spirale positiva, di felicità, nel frattempo il tuo cane sta imparando come comportarsi!

Seconda strategia: CHIAREZZA

Non esiste peggior cosa dell'ambiguità, della mancanza di chiarezza. La mancanza di chiarezza genera indecisione, titubanza, confusione, perdita di fiducia.

Questo sia nel mondo degli uomini che nel regno animale. Quante volte, trovandoti di fronte a un interlocutore ambiguo, non chiaro, il tuo primo pensiero è stato quello di allontanarti?!

La stessa cosa accade ai cani, il loro pensiero però, senza inibizioni morali, si trasforma in azione.

Purtroppo i cani non hanno la possibilità di parlare il nostro linguaggio, e ti garantisco che se lo potessero fare inveirebbero con epiteti poco gradevoli nei confronti di certi soggetti della nostra specie che accusano i propri cani di essere testoni e disobbedienti. Se questi soggetti umani avessero un po' di umiltà da parte loro capirebbero, senza troppo sforzo, che il problema sta nella loro mancanza di chiarezza verso il loro cane.

La **strategia della chiarezza** riguarda diversi aspetti del rapporto con il tuo cane.

Abbiamo una parte di chiarezza che è direttamente collegata alla **coerenza**. Stabilire delle regole, dare delle indicazioni e far sì che queste rimangano sempre le stesse. Qualsiasi sia la tua condizione di umore, che tu sia stanco o meno, la tua responsabilità di **leader** (inteso come colui che guida) è quella di tendere a rappresentare per il tuo cane un punto certo. Se il tuo cane vede nel tuo modo

Seconda strategia: CHIAREZZA

di comportarti una bandiera segnavento che indica continuamente direzioni diverse e contrastanti, la sua fiducia nei tuoi confronti sarà labile. Al contrario se riesci a impegnarti, per quanto il limite umano ti concede, ad avere una coerenza quotidiana di comportamento con lui, allora rappresenterai un **punto sicuro dove approdare** quando si troverà di fronte a situazioni incerte.

Il tuo cane non ti vuole perfetto, accetta di buon grado i tuoi limiti di essere umano, a patto che questo non gli si ritorca contro in termini di sicurezza propria.

Maria era una signora di circa quarantacinque anni che stava affrontando una delicata situazione familiare. Si stava separando da suo marito. Viveva con sua figlia che aveva dieci anni e il problema per cui mi aveva contattato era dato dal suo piccolo jack russell, Charlie, di circa un paio d'anni. Finché Maria e sua figlia erano in casa da sole, Charlie era sereno e si comportava normalmente come aveva sempre fatto quando il nucleo familiare era ancora compatto. Da qualche tempo Charlie però aveva iniziato a diventare nervoso e ansioso ogni volta che l'ex marito rientrava in casa per andare a prendere la figlia, e aveva anche provato, un paio di volte, ad aggredirlo. Al di là della situazione delicata dal punto di vista umano, vedendola dal punto di vista di Charlie, le cose non erano più chiare. La sua sicurezza era venuta meno. La sicurezza dei membri del gruppo sociale con cui viveva era minata. Ogni qualvolta rientrava l'ex marito di Maria si innescavano liti furibonde, la bambina spesso piangeva e Charlie, spettatore involontario della situazione, aveva iniziato a preoccuparsi per l'incolumità sua e di Maria e sua figlia. La situazione instabile aveva confuso Charlie al punto da innescare in lui atteggiamenti aggressivi verso colui che considerava una minaccia. Da un punto di vista esterno la situazione era chiarissima, ma ovviamente per loro in quel momento le priorità erano altre. Maria e il suo ex marito, dopo un breve colloquio, capirono senza alcun problema che era l'atmosfera piena di tensione a generare quelle reazioni, pertanto furono bravissimi nel gestire la situazione, e molto consapevoli nel controllarsi e chiudersi da soli in una stanza o uscire di casa se sentivano che ci sarebbe stata un'escalation di discussioni. Con il passare del tempo la situazione si assestò e Charlie ritornò tranquillo... La sua realtà, dal suo punto di vista, era tornata più chiara.

Un altro aspetto della strategia della chiarezza è relativo al conflitto che, involontariamente, viene innescato tra quello che chiedi con la voce e quello che invece il tuo corpo comunica.

4. LE CINQUE STRATEGIE

Ti sei mai accorto se parli come ti muovi? Intendo dire, sei sicuro che quello che richiedi al tuo cane con la voce sia concorde con quello che gli stai chiedendo con il tuo corpo?

È ormai risaputo che il cane non capisce il significato delle parole ma presta più attenzione ai toni della nostra voce. Non è altrettanto diffusa invece la conoscenza in merito al fatto che il cane utilizzi come maggiore riferimento le nostre posture e i nostri movimenti.

La strategia della chiarezza vuole che tu impari a essere più attento ai tuoi movimenti. Ne devi diventare consapevole. Serve solo un po' di presenza mentale, di esercizio, e vedrai che non sarà una cosa impossibile.

Luigi mi aveva contattato perché il suo problema lo stava facendo impazzire. Il suo giovane labrador Max, di circa tre anni, si comportava benissimo quando era al guinzaglio e quando lo lasciava libero nelle aree recintate rispondeva al richiamo in maniera costante. Il problema di Luigi era questo: le poche volte in cui aveva lasciato Max libero in aperta campagna riprenderlo era stato sempre molto difficile, al punto tale che Luigi decise di evitare la situazione non portandolo più libero in zone in cui invece avrebbero potuto fare tranquille passeggiate senza bisogno del guinzaglio. Ci incontrammo con Luigi e Max in una zona di campagna, priva di pericoli, e chiesi a Luigi di lasciare andare Max senza guinzaglio. Luigi aveva un atteggiamento deciso e imperativo, ma fondamentalmente era una persona ansiosa, maniaca del controllo e, di certo, le esperienze precedenti non gli avevano affatto lasciato un bel ricordo. Max ovviamente era molto concentrato nel seguire odori e si era allontanato parecchio da noi, quindi, dopo un po' di tempo, chiesi a Luigi di provare a richiamare il cane nella maniera in cui si sarebbe comportato in mia assenza. Come volevasi dimostrare, il problema era la mancanza di chiarezza comunicativa che Luigi aveva nei confronti di Max. I suoi ordini imperativi, la sua ansia, la paura irreale di perdere il suo cane portava Luigi a seguire i movimenti di Max chiamandolo continuamente. Più lui seguiva il suo cane e più Max aveva conferma che la direzione da seguire fosse quella! Come se non bastasse, più Max si occupava degli odori dell'ambiente ignorando il suo proprietario, più Luigi trasformava in maniera inconscia il richiamo in una minaccia. Al posto di allettare il suo cane al ritorno gli stava promettendo uno spiacevole rientro, o per lo meno era questa la percezione che aveva Max. Bastò fare finta di nulla, allontanarsi dalla parte opposta e nascondersi e Max dopo un paio di minuti si mise freneticamente alla nostra ricerca e ci ritrovò non molto tempo dopo. Il suo entusiasmo di averci ritrovato era incontenibile, l'esperienza mai provata in un simile contesto, di ritrovarsi totalmente solo era stato il "motore" del suo veloce rientro. Quell'esperienza lo avrebbe reso più vigile, nel controllare frequentemente la posizione di Luigi nelle passeggiate in libertà future, ma in realtà la risoluzione del problema ci fu quando Luigi imparò a essere chiaro nel richiamo. Lavorammo in ambiente controllato, il mio centro di educazione, utilizzando un fischietto per costruire un nuovo segnale di richiamo. Il fischietto era uno strumento utile perché non faceva trasparire l'ansia di Luigi quando Max era lontano da lui. Alla risposta al richiamo, quindi al rientro, gratificammo sempre Max con del cibo che per lui era super appetitoso. Successivamente generalizzammo l'uso del fischietto nella zona aperta, priva di recinzioni, sotto la mia supervisione, e il successo dell'operazione permise a Luigi di diventare tranquillo e fiducioso nei confronti del suo cane. Con il passare del tempo, pur avendo il fischietto sempre pronto, Luigi iniziò a non sentirne più il bisogno perché riusciva a utilizzare in maniera consapevole le sue posture e con chiarezza la sua voce, per cui Max era sempre pronto e felice di rientrare da lui.

La strategia della chiarezza può letteralmente fare miracoli soprattutto quando è il momento di **dare conferme**, quando devi indicare al tuo cane che quello che sta facendo è un comportamento a te gradito e che quindi vuoi che in futuro venga ripetuto. Spesso i proprietari di cani non sono molto chiari in questa fase e quindi cosa ne consegue? Che quel comportamento per lui passa inosservato, mentre in realtà tu sei convinto che lo stai rinforzando! O ancor peggio, tu sei convinto di rinforzare un comportamento quando in realtà il tuo cane è già avanti nella scansione degli eventi e sta facendo altro.

Il cane vive il momento presente, il qui e ora, con molta maggiore consapevolezza rispetto a noi esseri umani. Non dimenticarti mai che la capacità associativa del tuo cane è focalizzata in archi di tempo molto più brevi di quello che tu puoi immaginare: la sua connessione tra evento e conseguenza è tempestiva, varia da cane a cane, ma è comunque nell'ordine di 0,7-2 secondi.

Ricordati quindi di prestare sempre molta attenzione al tempismo con cui dai conferme al tuo cane, ma fai anche mente locale sul modo in cui usi il tuo **marker**.

"Che cos'è un marker?", starai pensando. Il marker, chiamato anche *bridge*, è un **segnale univoco** con cui si indica al cane, che sta compiendo una determinata azione, che quello è un comportamento desiderato e che quindi seguirà un rinforzo positivo. La parola *bridge* (che in inglese significa "ponte") rende molto bene il concetto che si vuole esprimere, ossia collegare materialmente l'azione in atto con il rinforzo che verrà poi dato in seguito. Il marker quindi fotografa l'azione identificandola come desiderata e il trainer può tranquillamente far seguire il rinforzo scelto senza avere troppa fretta. Quando si utilizza un marker il tempismo ci deve essere nell'uso dello stesso e non nell'erogazione del rinforzo.

Nel training professionale degli animali il marker è uno strumento indispensabile.

Normalmente nel training dei cani, anche a livello amatoriale, il **marker sonoro** più usato è il clicker [Figura 4 – Diverse tipologie di clicker, pag. 79].

Nell'ambito del training dei mammiferi marini viene solitamente usato invece un fischietto, questo per lasciare più liberi i trainer nei movimenti delle mani in fasi addestrative particolari, ad esempio in acqua. Con animali che hanno problemi di udito e possono essere sordi si può utilizzare invece un **marker visivo**, ad esempio il fascio luminoso di una torcia elettrica.

Ora tu, che sei un attento lettore, starai pensando che nella vita di tutti i giorni con il tuo cane usi già un marker sonoro: la parola "**bravo**".

Sì e no, direi io. Il marker ha sempre un **significato univoco**, mai ambivalente, è per questo che è uno strumento che fa chiarezza nella comunicazione con il cane. Quando usi il marker sonoro, e fai *click-clack* con un clicker, è d'obbligo far sempre seguire un rinforzo positivo. La parola bravo invece nella quotidianità non sempre viene rivolta al tuo cane quando da lì a poco seguirà un rinforzo, spesso è una semplice approvazione vocale, in molti casi è abusata, e altre volte ti capiterà di utilizzarla per dirgli che sta facendo una cosa giusta ma che non ha ancora finito e quindi la sua gratifica è ancora lontana. Ad esempio, sarà successo anche a te di incitare con la parola "bravo" il tuo cane mentre sta tornando da lontano dopo un richiamo. Quello che voglio dire è che "bravo" è sicuramente una parola portatrice di un messaggio positivo per il tuo cane, ma sei proprio sicuro che lui riesca a collegarla con precisione proprio all'azione che sta eseguendo?

Capiscimi bene, con questo non voglio dire che non devi utilizzare la parola "bravo", tutt'altro! Per comportamenti semplici come sedersi, sdraiarsi, aspettare, tornare a richiamo e camminare al guinzaglio, l'uso di questo marker sonoro è più che sufficiente, ma a patto che lo si utilizzi con cognizione di causa e senza valenze ambigue.

Se invece decidi di insegnare a Fido comportamenti complessi e più precisi, ricordati sempre che l'utilizzo competente di un marker sonoro ti permetterà di aiutare il tuo cane a capire più velocemente e senza fraintendimenti qual è la sua missione!

Terza strategia:
RINFORZA SENZA PAURA

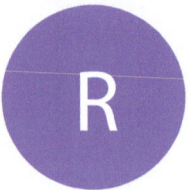

Ogni volta che effettuo una consulenza e devo seguire una famiglia nella risoluzione di una problematica, consegno loro una serie di indicazione scritte che dovranno essere osservate sempre da lì in futuro.

Normalmente, oltre al protocollo che tratta la problematica specifica, elenco a mo' di promemoria una serie di indicazioni di carattere generico che sono universali nella corretta gestione di un cane.

Una di quelle che suscita ilarità in tutti i proprietari ma che rimane sempre ben impressa è la seguente:

> Se sei convinto che stai usando troppi bocconcini, fammi una cortesia: chiama subito il tuo datore di lavoro e digli che da domani andrai a lavorare senza stipendio!

Il **bocconcino** è nel training del cane il rinforzo più **utile e semplice** da utilizzare per il proprietario medio, e inoltre ha un'**efficacia altissima!**

Per capirci, per bocconcino intendo qualsiasi piccolo pezzo di cibo gradito al cane. Ovviamente la dimensione e la tipologia vanno scelte sulla base del tuo cane. Tra un san bernardo e un chihuahua esistono delle differenze dimensionali non irrilevanti e pertanto, come potrai immaginare, queste influenzano non poco la dimensione fisica del bocconcino stesso. Come ti ho già accennato nel capitolo relativo alla motivazione, anche il quantitativo giornaliero di cibo che viene utilizzato per nutrire il cane può essere usato in maniera saggia nel training.

È chiaro che il tuo cane può essere più o meno goloso rispetto a quello di qualcun altro, ma non bisogna dimenticarsi che il cibo è una **risorsa primaria** che serve alla **sopravvivenza** dell'individuo.

Immagino che tu sia stato attento e pertanto ora avrai capito che per il training di Fido potrai utilizzare sia parte della razione giornaliera, sia un quantitativo di bocconcini che non c'entrano nulla con questa.

Il quantitativo di bocconcini extra razione giornaliera dovrà essere bilanciato in maniera oculata, sulla base del metabolismo del tuo cane e sulla base del suo livello di attività, onde evitare di farlo ingrassare.

Ho aperto la spiegazione della strategia del "rinforza senza paura" dicendo che l'impiego dei bocconcini è utile, semplice ed efficace, pertanto dovrebbe trovare strada spianata nel suo impiego, giusto?

Ebbene non è così, perché l'arte unicamente umana di rendere complicate le questioni semplici trova nell'utilizzo del bocconcino terreno fertile.

Negli anni ho collezionato una serie di bizzarre spiegazioni, dei veri e propri miti, sul perché l'impiego del rinforzo alimentare nel training del cane non dovrebbe essere utilizzato o per lo meno dovrebbe essere limitato.

I miti più diffusi in merito, sono fondamentalmente tre:
1) «Il cane deve fare quello che gli chiedo perché gliel'ho detto io»;
2) «Se uso i bocconcini poi non farà quello che gli chiedo quando non li avrò con me»;
3) «Io proprietario devo contare più di un bocconcino».

Questi miti sono presto sfatati se si conoscono a fondo i principi che governano l'apprendimento. In maniera chiara e concisa cercherò di fugare ogni dubbio affinché anche tu non cada in questi tranelli.

Partiamo dal mito numero 3). È semplice capire che è nettamente errato il piano di confronto su cui il mito è fondato. Tu chiederesti mai a un bambino se preferisce sua madre al suo biscotto preferito? Il bambino, nella sua saggia innocenza, ti risponderebbe che sua madre non è da mangiare!

Per quanto riguarda il numero 2), è chiaro che a seconda di come usi i bocconcini potrai o meno indurre una dipendenza funzionale. Se ogni volta che ti rivolgi a Fido per una richiesta gli mostri che in mano hai il suo pezzetto di cibo prelibato, è evidente che quello che Fido farà sarà in funzione di quello che gli "prometti prima". Ma se invece il bocconcino sarà presentato a Fido unicamente nel momento in cui ha emesso il comportamento che tu desideri, allora è chiaro che questa dipendenza non si innescherà.

È molto facile indurre un comportamento tenendo il rinforzo direttamente in mano e fornendolo al cane non appena ha emesso il comportamento desiderato.

Proviamo a prendere in esame il semplice comportamento di **sedersi**.

Se tieni nella tua mano chiusa qualche crocchetta che il tuo cane desidera e gliela passi lentamente sopra la testa, dopo vari tentativi, il tuo cane si sbilancerà all'indietro e il riflesso cervicale lo porterà a sedersi. A quel punto gli darai le crocchette che avevi in mano. In questo modo dopo un po' di tentativi andati a buon fine il tuo cane imparerà a sedersi. Ti sarà facile capire che il comportamento di sedersi sarà funzione di due variabili: del gesto che tu compi con la mano e della presenza del cibo. Giusto? È chiaro che ogni trainer competente sa che il cibo è un **aiuto** che serve per **indurre inizialmente** il comportamento di sedersi. Questo aiuto andrà **gradualmente sfumato**. Ciò significa che se all'inizio gli facevi annusare le quattro crocchette che avevi in mano, nelle ripetizioni seguenti terrai la mano gradualmente sempre più lontano dal suo naso e così via fino ad arrivare a fare il gesto con la mano vuota e fornire le crocchette come rinforzo una volta che il "seduto" è stato eseguito. Ovviamente le crocchette, che inizialmente erano aiuto e rinforzo, con il processo di graduale sfumatura diventeranno solo rinforzo. Successivamente anche il rinforzo potrà essere variato e potrai usa-

Terza strategia: RINFORZA SENZA PAURA

re qualsiasi cosa il tuo cane desidera. Ma questo te lo spiegherò in maniera approfondita più avanti.

Arriviamo al mito numero 1). Questa distorta concezione credo parta dal concetto umano di **obbedienza** applicata al training del cane. Obbedire ciecamente a un ordine per un soldato è un dovere, dato dal rapporto gerarchico che c'è tra lui e il suo superiore, pena l'insubordinazione e la legge marziale. Dalla parola "obbedire" parte una proiezione mentale che ci porta ai concetti di ordine e comando. Ne segue una deriva del tutto militaresca che fuorvia ampiamente da un corretto modello, che credo sia più rispettoso del cane, dove c'è un animale domestico che **ha bisogno di capire ancor prima di obbedire**. Prima di pretendere obbedienza dal tuo cane cerca di focalizzare bene un altro concetto: tu gli hai insegnato nella maniera corretta? Hai considerato bene le sue motivazioni?

Ogni cane per vivere bene e far vivere bene la famiglia di cui è parte, necessita di un **training**[1].

Non dimentichiamoci che *to train* significa anche "allenare", e tu sai bene che senza allenamento i risultati fanno fatica ad arrivare, in tutti i campi. Ma c'è un altro aspetto da considerare. I risultati del training dipendono da due componenti: dal proprietario e dal trainer (educatore/istruttore/addestratore, chiamatelo come volete).

Se il trainer è competente ma il proprietario non si applica, i risultati non arriveranno mai.

Se il trainer è incompetente, anche se il proprietario si applica i risultati saranno sempre scarsi.

---

[1] Amo questa parola anglosassone perché condensa in sé tutti gli aspetti relativi all'educazione, all'istruzione e all'addestramento del cane, che solo la cinofilia italiana ha trasformato nell'ultimo decennio in una diatriba di stato. In cinofilia l'espressione "obbedienza di base" si è sempre utilizzata per indicare quella serie di comportamenti che a un cane dovevano essere insegnati per essere gestito al meglio dal suo proprietario, affinché entrambi potessero vivere bene senza problemi. Alcuni preferiscono al termine "obbedienza" il termine "educazione" e da qui partono tutta una serie di vorticosi discorsi filosofici poco costruttivi e fini a se stessi. A mio modesto parere, soffermarsi troppo sulle sottigliezze semantiche è superfluo e fa spendere inutilmente energie mentali in sterili dibattiti. Credo che sia più utile mettere queste energie mentali a servizio dell'esercizio pratico per ottenere risultati concreti.

E il cane non conta nulla? "Io ho sentito parlare di cani inaddestrabili", mi dirai... Certo che se pretendi che un pastore maremmano diventi ossessionato dalla palla come un border collie, stai prendendo un granchio. Se conosci le motivazioni del tuo cane e canalizzi le sue **attitudini** di razza, i limiti non saranno mai i suoi...

Il tuo cane può essere un mero esecutore o un attivo protagonista del processo di apprendimento. Questo dipende unicamente da te! Se vuoi renderlo collaborativo e fargli sviluppare fiducia nei tuoi confronti non dovrai mai perdere occasione di rinforzarlo adeguatamente per un comportamento desiderato. Considera l'azione di gratificarlo, di dargli il suo rinforzo come un modo per dargli una conferma del fatto che quel comportamento ti è piaciuto. Attraverso questa strategia gli permetterai di vedere le cose in maniera diversa, tramite il rinforzo positivo farai in maniera tale che quel comportamento diventi per il tuo cane sempre più rilevante e, quindi, lui lo terrà in considerazione per situazioni future.

Non lasciare mai che ciò che di buono fa il tuo cane vada perso. Non pensare che lo fa perché lo deve fare. Non pensare "ormai lo sa fare e quindi faccio finta di niente". Quello che in questi anni ho capito è che nella quotidianità siamo ostaggi di un retaggio culturale poco incline a considerare le motivazioni di un individuo, ciò che lo realizza. L'atteggiamento prevalente tende a interpretare la buona condotta come un dovere piuttosto che un piacere. Sembra quasi che provare piacere per una cosa che bisogna fare sia un'eresia. Sembra quasi che stoni, se c'è sofferenza in qualcosa che dobbiamo fare siamo quasi più tranquilli. Credo che sia questo il motivo per il quale, all'inizio del training, la maggior parte dei proprietari faccia così fatica a gratificare il proprio cane. A volte sembra che quel bocconcino pesi una tonnellata!

Un'altra tendenza umana diffusa, che ho avuto modo di appurare, è che le persone sono più favorevoli a sgridare se c'è un comportamento indesiderato, se c'è una trasgressione da sanzionare, piuttosto che gratificare il comportamento desiderato. Che strani e bizzarri gli esseri umani!

••

Derek era un giovane e forte fila brasileiro di due anni. Marco, il suo proprietario, si rivolse a me perché doveva risolvere un problema non del tutto

Terza strategia: RINFORZA SENZA PAURA

irrilevante. Derek era una giovane promessa del circuito espositivo e a detta di tutti i giudici che lo vedevano aveva tutte le caratteristiche che lo avrebbero reso un campione e uno stallone molto pregiato. C'era solo un piccolo problemino: Derek era inavvicinabile dagli estranei e la soglia critica di reazione era di circa 4-5 metri. Nel ring espositivo, in presenza di altri maschi, persone estranee e con l'ambiente caotico, Derek sembrava una tigre feroce. I giudici dissero a Marco che se non avesse modificato questo comportamento la sua promettente carriera espositiva purtroppo non avrebbe avuto seguito. Marco e il suo cane non avevano avuto una precedente esperienza positiva di addestramento, perché all'età di sei mesi Derek diede già le prime avvisaglie del suo carattere e quindi venne portato in un importante centro di addestramento. Il famoso addestratore gli venne consigliato perché era considerato un esperto di modifiche comportamentali su cani molto aggressivi. Morale della favola, a sette mesi Derek decise che era ora di smettere di subire angherie da quell'uomo che voleva piegare il suo atteggiamento aggressivo attraverso tecniche punitive. Pertanto, durante una fase detta "di chiusura", il giovane fila che non sottostava alle pressioni e ai soprusi con un bel morso recise una falange all'esperto. Da lì si chiuse per più di un anno quella parentesi. Marco venne a sapere di me da conoscenti in comune. Feci la prima valutazione di Derek ovviamente da dietro la solida rete del mio centro e dissi a Marco che avremmo potuto provare ad aumentare la tolleranza agli estranei a patto che si fosse fidato dal mio approccio. Con un clicker, del fegato di pollo essiccato di cui Derek andava pazzo e sessioni molto frequenti di lavoro (desensibilizzazione sistematica) portammo il giovane Fila a essere tollerante nei confronti di estranei che si avvicinavano in maniera indifferente a lui. Tutto partì con gradualità da dietro a una rete fino ad arrivare ad avere diverse persone che gli camminavano vicino indifferenti, ovviamente con lui tenuto al guinzaglio. L'obiettivo di renderlo tollerante alle persone fu centrato e Derek poté continuare finalmente con successo la sua carriera espositiva e non solo. Perché il beneficio ovviamente Marco lo ebbe anche nelle passeggiate quotidiane, non dovendo più farle in orari antisociali. Addirittura Derek lo aspettava legato fuori dai negozi calmo e tranquillo.

•••

Ricordati sempre che la strategia "rinforza senza paura" ti permette di indurre un cambiamento molto più velocemente di quanto tu possa immaginare. Se il tuo cane emette un comportamento che desideri, all'inizio rinforzalo molto spesso! Avrai modo di comunicargli in maniera chiara e inequivocabile che quello è ciò che desideri. Più è alta la frequenza di rinforzo, ossia più spesso gli darai bocconcini (o altro che gli piace), e minore sarà il tempo che impiegherai per fissare quel comportamento. Una volta che quel comportamento inizia a divenire sempre più probabile allora, per mantenere quell'apprendimento ti basterà rinforzarlo ogni tanto, ossia in maniera **intermittente**. Ricordati sempre però che i cani, da bravi discriminatori quali sono, legano i loro apprendimenti alle situazioni. Ecco perché i cani che frequentano lezioni di educazione o campi di addestramento, in quei posti e con quello scenario attorno sono sempre molto bravi: perché i proprietari in quei contesti e di fronte all'istruttore premiano Fido, e invece nella passeggiata quotidiana si dimenticano addirittura i bocconcini a casa!

Non dimenticarti mai che Fido avrà imparato alla perfezione quello che gli stai insegnando solo quando lo avrai **generalizzato** bene in contesti differenti, ossia l'avrai allenato rinforzandolo spesso in ambienti diversi in presenza delle distrazioni più disparate. Fino a che non avrai finito di generalizzare a sufficienza... rinforza senza paura!

Quarta strategia:
MODELLA L'IMPOSSIBILE

Capita sicuramente anche a te, nella vita di tutti i giorni, di avere degli obiettivi che di primo acchito ti sembrano irraggiungibili. Molto spesso con un approccio diretto e immediato secondo la filosofia del "tutto e subito" parti già sconfitto e rinunci perché sai già che l'obbiettivo è impossibile da raggiungere. Ricordati però che, prima di darti per vinto, puoi **provare a scomporre il tuo viaggio impossibile in un insieme di piccoli tragitti possibili e raggiungibili**, un passo alla volta.

Puoi vedere la strategia del "modella l'impossibile" attraverso una metafora [Figura 5 – Attraversare il "ruscello" con la strategia del modella l'impossibile, pag. 80]. È come dover oltrepassare un ampio ruscello senza cadere in acqua. Con un solo balzo è impossibile attraversarlo senza rischiare di finire in acqua, ma con piccoli saltelli ben assestati su massi posizionati a una distanza raggiungibile arriverai dall'altra parte senza alcun problema e centrerai il tuo obiettivo! È chiaro che questa strategia dei piccoli passi richiede tempo e saper progettare in anticipo le tappe intermedie raggiungibili che ti porteranno alla meta finale.

L'analisi del comportamento applicata prevede all'interno dei suoi principi un approccio che segue questa modalità, e si chiama **shaping**, dall'inglese *to shape* che significa appunto "modellare".

Un'altra metafora che può renderti l'idea di cos'è un processo di shaping è immaginare l'attività di uno scultore. Partendo da un blocco, toglie e crea man mano l'opera (obiettivo finale), che ha visualizzato in testa ancor prima di iniziare a scolpire.

Negli ultimi anni ho avuto la fortuna di poter stringere forti legami di amicizia con ragazzi e ragazze che si occupano professionalmente di addestramento di mammiferi marini. Il loro lavoro si nutre di passione e amore incondizionato verso gli animali con i quali lavorano. Ho quindi potuto vedere da vicino e capire il meraviglioso legame che si instaura tra addestratori e animali e le loro modalità di lavoro fondate sul **rinforzo positivo** e sulla **fiducia reciproca**. Questi trainer sono dei veri e propri maestri nell'arte di "modellare l'impossibile". In acqua, con un animale che pesa oltre duecento chili non puoi applicare nessun tipo di costrizione, non hai un guinzaglio né puoi trovare scorciatoie che forzino l'animale a una scelta contraria alla sua convinzione. Se devi insegnare un comportamento complesso, devi scomporlo e arrivare al tuo obbiettivo finale attraverso una serie di **approssimazioni successive**, utilizzando lo shaping appunto!

Nella vita di tutti i giorni, con Fido, per l'insegnamento di comportamenti semplici puoi farne tranquillamente a meno, invece nella costruzione di comportamenti complessi e nella modificazione di comportamenti indesiderati lo shaping è d'obbligo!

Perché non provare secondo la filosofia del "tutto e subito", mi chiederai tu? Magari uno ha fortuna ed è finita lì, una ripetizione e il cane ha imparato! Purtroppo una sola ripetizione non è sufficiente per poter insegnare qualcosa in maniera duratura. Come ti ho già detto, serve costanza nell'allenamento, servono diverse ripetizioni dello stesso esercizio per far sì che l'apprendimento sia solido. Ricordati che se alla prima prova sei fortunato ma i successivi tentativi sono insuccessi, avrai unicamente demotivato il tuo cane. Ripartire dopo diversi fallimenti non è mai come partire da zero, ma da sotto zero!

L'approccio migliore è sempre quello dei piccoli passi ben assestati. Questo tipo di procedura ti permette di tenere sempre alta la motivazione del tuo cane, e se la motivazione rimane alta anche l'apprendimento si consolida meglio. Inoltre il cane impara a fidarsi di te, perché lo accompagni verso un nuovo apprendimento, cioè qualcosa a lui sconosciuto, con una percentuale di successo alta. E se questo non avviene? Se il mio cane non riesce nell'approssimazione proposta? Tranquillo, basta fare un passo indietro, ossia tornare all'approssimazione precedente e rivedere l'approssimazione successiva, perché se il tuo cane non è riuscito a capire significa unicamente che per lui in quel momento è troppo difficile o che non l'abbiamo spiegata bene. Quindi dovrai aiutarlo semplificando la richiesta.

Cercherò di aiutarti a capire a fondo questa strategia facendoti un esempio pratico che troverai di facile collocazione nella tua vita quotidiana con Fido.

Obiettivo: Vuoi insegnare al tuo cane a stare sdraiato tranquillo vicino alla tua sedia quando sei al tavolo di un bar per sorseggiare un caffè e leggere il giornale. Se allo stato attuale questo è per te solo un sogno, è il momento buono per modellare l'impossibile!

Inizia scomponendo questa situazione complessa in approssimazioni facilmente raggiungibili. Ognuna richiederà più o meno giorni di esercizio a seconda di diversi importantissimi fattori: l'età del tuo cane, la sua vivacità, l'abitudine alle situazioni urbane ecc.

Approssimazione n. 1: Stare **in piedi** tranquillo e rilassato per tempi successivamente più lunghi, quando tu sei seduto sulla sedia.

Training: Dopo aver portato Fido a fare una bella passeggiata e averlo fatto scaricare un po', magari giocandoci ad esempio con la palla (creare il giusto stato d'animo è fondamentale), arriverai al bar che sei solito frequentare e ti siederai ai tavoli all'aperto per qualche minuto. Fido avrà già scaricato le sue energie in eccesso e sarà quindi meno reattivo agli stimoli dell'ambiente. Quando lo vedi calmo e tranquillo in piedi vicino a te, rinforzalo ogni tanto accarezzandolo e/o dandogli qualche bocconcino. Dopo un po' di tempo che rimane in questo stato di serenità, vicino a te senza smania di andare via, portalo a fare due passi per annusare un po' e poi ritorna alla tua postazione. Di nuovo, appena è calmo e tranquillo, rinforzalo ogni tanto (senza sovreccitarlo, mi raccomando!) e aumenta il tempo di stazionamento. Importante: non esagerare con le pretese. Se il tuo cane è molto vivace, parti accontentandoti inizialmente di poco tempo e aumentalo con gradualità. Se invece hai commesso l'errore e hai aspettato troppo tempo fermo (ricordati di non esagerare) e Fido inizia a diventare irrequieto, rimani impassibile e tieni la posizione. Dopo che si sarà finalmente calmato, aspetta una decina di secondi e solo a quel punto ti potrai alzare per farlo rilassare. Rimanere statici non piace troppo ai cani e se non hanno un motivo per stare fermi preferiscono fare cose dinamiche, ad esempio annusare l'ambiente.

Muoversi e annusare l'ambiente sarà l'ulteriore rinforzo che darai a Fido per essere stato calmo e tranquillo vicino a te. Non dimenticarti mai che i rinforzi non sono solo cose materiali, ma è tutto ciò che Fido desidera, e pertanto anche azioni!

Approssimazione n. 2: Stare **seduto** tranquillo e rilassato per tempi successivamente più lunghi, quando tu sei seduto sulla sedia.

Prerequisito: Fido deve sapersi sedere su richiesta e rimanervi senza alcuna difficoltà. Se non lo sa fare, dovrai insegnarglielo in separata sede, in una situazione tranquilla, e solo allora potrai procedere a lavorare a questa approssimazione.

Training: Partendo dal solito presupposto, ossia che tu abbia già fatto precedentemente scaricare le energie del tuo cane, lo porterai al solito posto o in uno analogo (in termini di distrazioni intendo). Hai già lavorato sul farlo stare tranquillo in piedi vicino a te, pertanto ora gli chiederai di stare seduto vicino a te. Dopo che avrà assunto la posizione, lo rinforzerai ogni tanto e infine dopo un po' di tempo lo porterai ad annusare come ulteriore rinforzo. Di seguito, nelle ripetizioni seguenti, allungherai i tempi di attesa seduto.

Approssimazione n. 3: Stare **sdraiato** tranquillo e rilassato per tempi successivamente più lunghi, quando tu sei seduto sulla sedia.

Prerequisito: Fido deve sapersi sdraiare su richiesta e rimanervi senza alcuna difficoltà. Se non lo sa fare, dovrai insegnarglielo in separata sede, in una situazione tranquilla, e solo allora potrai procedere a lavorare a questa approssimazione.

Training: Ti comporterai come nel training delle due approssimazioni precedenti, avendo cura di lavorare sul tenere Fido sdraiato al tuo fianco sempre più a lungo, con pause per annusare sempre più brevi e meno frequenti.

In questo modo avrai raggiunto il tuo obiettivo: finalmente Fido avrà imparato a stare sdraiato al tuo fianco calmo e tranquillo per tutta la durata della tua sosta relax al tavolo del bar!

Ho voluto utilizzare questo semplice ma esplicativo esempio per permetterti di comprendere come **destrutturare** una situazione desiderata, apparentemente non raggiungibile nell'immediato, ma ottenibile attraverso il training per **step intermedi**.

È evidente che non esiste un'unica strada per raggiungere l'obiettivo finale. È possibile approssimare il comportamento desiderato in maniere diverse tanto più il comportamento è complesso e richiedente più passaggi.

In questi casi si dice sempre che esistono tante strategie di shaping quanti sono i trainer capaci di metterle in atto.

L'importante è perseverare, incrementando gradualmente il livello di difficoltà nell'approssimazione scelta. Se dopo diversi tentativi non stai andando da nessuna parte, e sia tu che il tuo cane vi state frustrando, è forse il caso di scegliere un'altra strategia di shaping e destrutturare il comportamento desiderato con un'altra prospettiva.

Attraverso la procedura di shaping dimostri un grande rispetto per il tuo cane. Dandogli l'opportunità di capire una cosa passo dopo passo, Fido sarà felice di assecondare le tue richieste perché tutto gli risulterà più facilmente comprensibile. Purtroppo capita spesso di vedere cani frustrati dall'incomprensione, che cercano di capire ma non riescono e con i quali il proprietario continua a insistere senza cambiare una virgola, spinto dal "tanto lo sa fare perché l'ultima volta l'ha fatto".

4. LE CINQUE STRATEGIE

Ricordati di essere umile di fronte al tuo cane, mettiti sempre in discussione e cerca di semplificare la tua richiesta nel momento stesso in cui lo vedi confuso. Ti posso assicurare che questa strategia ti porterà sempre, con pazienza, al successo.

Spero tu abbia capito l'importanza di utilizzare sempre con il tuo cane un **approccio costruttivo fatto di piccoli passi**. Non arrenderti mai di fronte a quello che percepisci come una difficoltà e soprattutto non arrabbiarti con il tuo cane.

Se questa strategia dei piccoli passi ti ha incuriosito sappi che trova anche una vasta applicazione in ambito umano e non solo. Ne è un esempio la pratica Kaizen.

Se vuoi ulteriormente approfondire come applicare l'approccio Kaizen alla vita di tutti i giorni ti consiglio di leggere *Un piccolo passo può cambiarti la vita*, di Robert Maurer.

Dopo questa piccola divagazione inerente l'ambito umano vorrei farti per un attimo pensare al lavoro dei cani da assistenza per persone con disabilità motoria. Il loro complesso lavoro di supporto li vede impiegati nell'aiutare queste persone a ritrovare la loro autonomia nella vita quotidiana, assistendoli in operazioni quali raccogliere oggetti caduti a terra, prendere il telefono quando squilla, aprire porte e credenze, prendere il bucato dalla lavatrice ecc., il tutto sapientemente insegnato dai trainer attraverso: motivazione, pazienza e piccoli passi ben progettati!

Non posso dimenticarmi di citare l'importante libro *Don't Shoot the Dog: The New Art of Teaching and Training* di Karen Pryor, un testo che ha permesso la divulgazione dell'impiego del clicker training e pertanto del rinforzo positivo nel lavoro con i cani.

Ricordati: attraverso la strategia del "modella l'impossibile" non c'è nulla che sarà più tale, neanche insegnare a un cane a guidare la macchina, come puoi ammirare nel celebre spot dell'SPCA di Auckland in Nuova Zelanda, organizzazione che si occupa di cani abbandonati e maltrattati, che voleva sensibilizzarne l'adozione.

Posso tranquillamente definire questa strategia una vera e propria **arte** e voglio concludere con questa citazione:

QUARTA STRATEGIA: MODELLA L'IMPOSSIBILE ■

Ogni arte prevede un lungo periodo di apprendimento. Protagora affermava che non esiste arte senza sapere ed esercizio del sapere. Questo è da sempre il percorso obbligato per chiunque voglia migliorare se stesso (G. Nardone).

D'altra parte avere un cane può essere o un'esperienza temporanea oppure una meravigliosa avventura che ti permetterà di diventare una persona migliore. Sta a te sceglierlo!

Quinta strategia:
SORPRENDILO OGNI GIORNO

Sono sicuro che se ti dicessi che il cane è un animale abitudinario non ne saresti affatto sorpreso. Questo è un dato di fatto che appartiene alla conoscenza base che ogni proprietario ha riguardo l'etologia del cane.

Le abitudini sono azioni ripetute che danno sicurezza, e come puoi facilmente dedurre **le azioni ripetute nel tempo generano un apprendimento**.

Le cosiddette buone abitudini sono tutta quella serie di insegnamenti che sin dal primo giorno cerchi di dare al tuo cane per avere una vita reciprocamente felice e serena. Avere una regolarità nell'orario della somministrazione del pasto, nella frequenza delle passeggiate, nell'indicargli qual è il giusto posto dove fare i bisogni, permette al tuo cane di soddisfare delle necessità che gli appartengono in accordo con le tue esigenze.

Questo è il lato positivo e produttivo delle abitudini. Ma c'è l'altra faccia della medaglia che devi considerare. Le abitudini possono diventare una gabbia rigida, una struttura dalla quale il tuo cane potrebbe non voler più uscire. Il cane è sì un animale fortemente abitudinario ma, a mio avviso, anche in grado di mostrare **estrema adattabilità**. L'effetto di 15.000 anni di domesticazione, e pertanto di vita insieme all'uomo, ha necessariamente spinto verso questa tendenza che è tutt'ora in evoluzione.

Le esigenze dell'uomo moderno, legate al suo stile di vita, richiedono ancor di più al cane questa adattabilità.

È evidente che ci sono dei punti fissi sui quali non si può transigere, ad esempio il numero di ore oltre le quali un cane non riesce a trattenere i bisogni fisiologici, o le ore che è in grado di stare in casa da solo. Converrai con me che far vivere il cane sempre al limite delle sue necessità non è il massimo del rispetto nei suoi confronti.

L'altra faccia della medaglia in merito alle abitudini è legata alla **rigidità di comportamenti** che ne consegue.

Se tutti i giorni, per anni, la passeggiata di Fido è sempre la stessa attorno al quartiere dove vive, ed è fatta sempre delle stesse soste e degli stessi tragitti, non ci sarà poi da stupirsi se la presenza del proprietario passerà in secondo piano!

Mi capita molto spesso di vedere cani in passeggiata che considerano il proprietario come uno scomodo e ingombrante fardello che sono costretti a portarsi appresso. E non hanno torto nel fare questo pensiero. Perché poi, altrettanto frequentemente, vedi proprietari che in una mano hanno l'estremità del guinzaglio e nell'altra hanno il cellulare sul quale stanno chini per tutto il tempo della passeggiata, impegnati a inviare sms o navigare sui social network. Forse l'unica interruzione di queste attività è data dal momento in cui è necessario raccogliere la *pu-pu* di Fido; per il resto, nessuna interazione con il proprio cane, nessuna attività costruttiva insieme. Ognuno nel proprio mondo, Fido in quello degli odori e il suo proprietario in quello delle nuvole!

Spero che tu non sia così distratto nel momento della passeggiata con il tuo cane, e se lo sei stato fino a ora, nessun problema, fai sempre in tempo a cambiare e a far diventare questo momento **costruttivo** per la vostra relazione.

Se ti sei chiesto perché il tuo cane tira sempre come un dannato, come se sapesse già la strada, ora hai la risposta alla tua domanda. Oltre a conoscerla, è abituato a decidere soste e direzioni, non vuole dominarti, non vuole comandare lui. Ti prego smetti di pensare a questo, se vuoi avere un approccio costruttivo nei suoi confronti. Il tuo cane è un animale intelligente ed è pertanto abituato a fare ciò che tu, spesso nella tua distrazione e nel tuo non saper gestirlo, gli hai concesso di fare. Tutto qui!

■ 4. Le cinque strategie

Tranquillo, i cani non sono alieni che hanno il piano segreto di voler conquistare la Terra, sono creature magnificamente intelligenti e costanti nel loro operare e fanno semplicemente ciò che hanno visto funzionare nel tempo.

La strategia del **sorprendilo ogni giorno** è utile in diversi aspetti della gestione del tuo cane. Cercherò di spiegarti come poterla utilizzare nel momento della passeggiata raccontandoti la storia di un caso che ho seguito tempo fa, ma che è un caso frequentissimo e che forse riguarda anche te.

• •

Clarissa era la proprietaria di Mito, un setter irlandese maschio di diciotto mesi. Mito, da buon cane da caccia e oltretutto nel pieno della sua vitalità giovanile, era un serbatoio inesauribile di energia. Il problema per cui Clarissa mi contattò era relativo al momento della passeggiata. Il cane tirava continuamente il guinzaglio ed era ingestibile sia in presenza che in assenza di altri cani. Mito aveva già frequentato delle lezioni con un istruttore per cercare di risolvere il problema, ma con un successo relativo. Infatti a queste lezioni aveva partecipato solo il figlio di Clarissa e non lei, che l'istruttore aveva definito "non abbastanza dominante" con Mito, decretando quindi inutile che lavorasse con il cane. Il figlio di Clarissa, un robusto diciassettenne, dopo gli insegnamenti ricevuti riusciva per un certo tempo a contenere fisicamente l'irruenza di Mito. Questo contenimento terminava quando insorgeva letteralmente un crampo muscolare del bicipite destro, braccio con cui il giovane proprietario era stato istruito a tenere e strattonare continuamente l'energico setter irlandese. "Devi fargli capire che comandi tu, non può fare quello che vuole." Questo era stato il leitmotiv indotto dall'istruttore, il mantra che veniva ripetuto per indurre il cambiamento: il cane doveva capire chi era che comandava e chi era il più forte. Le quattro zampe motrici di Mito, inizialmente frenate dalla determinazione del suo giovane proprietario nell'applicare gli insegnamenti impartiti, riprendevano sempre il sopravvento non appena insorgeva la stanchezza del suo conduttore. In tutto questo, Clarissa non poteva fare nulla, malgrado fosse un suo diritto poter fare una tranquilla passeggiata con il suo cane. Iniziammo in un contesto controllato, il mio centro di educazione cinofila, applicando attraverso esercizi mirati le strategie che hai avuto modo di leggere nei capitoli precedenti ("giusta prospettiva", "chiarezza", "rinforza senza paura", "modella l'impossibile"). In questo modo Clarissa ebbe modo di capire e imparare punti essenziali: come catturare l'attenzione di Mito, come muovere correttamente il suo corpo per dare indicazioni chiare al cane e come gestire il guinzaglio nel modo giusto senza bisogno di fare estenuanti sedute di bodybuilding. La strategia del

Quinta strategia: SORPRENDILO OGNI GIORNO

"sorprendilo ogni giorno" venne applicata nelle passeggiate che Mito faceva quotidianamente nei diversi momenti della giornata. Era necessario generare in Mito un vero e proprio effetto sorpresa. Fino a quel momento gli era stato lasciato decidere tutto, ma da lì in poi mai più passeggiate uguali né in durata, né in direzione né in strutturazione. Mai più punti fissi di sosta ripetuti come una routine prestabilita. Ovviamente a Mito era concesso annusare e fermarsi per marcare e fare i propri bisogni, ma non più su sua iniziativa: era Clarissa che indicava a Mito sia il dove che il quando! E ovviamente questi momenti erano concessi quando Mito era calmo e tranquillo al fianco di Clarissa. Le soste, come avrai capito, erano anche usate come ulteriore rinforzo per la buona condotta in passeggiata. Era necessario ristrutturare sia l'organizzazione dei momenti di cui la passeggiata era composta che le direzioni di marcia. Clarissa abitava in un quartiere abbastanza piccolo, non c'erano tantissime strade, ma comunque imparò come sorprendere Mito a ogni uscita in passeggiata, facendogli fare tragitti sempre diversi. Frequenti cambi di lato, di strada e di direzione, soste in punti inaspettati e continui cambi di ritmo avevano avuto l'effetto desiderato. Mito era diventato curioso e felice di seguire Clarissa perché la passeggiata non era più monotona e ritmata dal suo tirare e dalle sue soste. Ormai era sempre attento alle proposte della sua proprietaria. Clarissa aveva imparato come essere interessante e propositiva agli occhi del suo cane: l'approccio costruttivo, non pregiudizievole, basato sul corretto uso del rinforzo positivo e dei suoi principi di utilizzo aveva dato i suoi frutti.

••

Puoi utilizzare con successo la strategia del "sorprendilo ogni giorno" anche nell'impiego dei rinforzi che utilizzi nel training del tuo cane. Troppo spesso si abusa e si rende piatto e monotono l'utilizzo di quello che il cane considera il suo rinforzo migliore (non dimenticarti mai l'esempio del tiramisù che ti ho fatto nel capitolo relativo alla strategia "rinforza senza paura"). Quello che ti consiglio è di avere a disposizione un vero e proprio **arsenale di rinforzi** [Figura 3 – Trova almeno nove cose che facciano impazzire il tuo cane, pag. 78]. Se vuoi veramente rendere felice il tuo cane e vuoi sempre avere la sua massima motivazione, utilizza un ampia varietà di rinforzi, prova ad avere **fantasia** e non smettere mai di cercare qualcosa di nuovo che possa piacere al tuo cane. Credo fortemente che il rispetto nei suoi confronti passi necessariamente anche attraverso questo aspetto. Ti suggerisco di variare sempre per creare un vero e proprio effetto sorpresa. Adoro vedere la faccia dei miei cani

4. LE CINQUE STRATEGIE

quando eseguono una mia richiesta e si aspettano di essere rinforzati e sono curiosi di sapere che cosa avrò in serbo per loro questa volta. Molti vorrebbero che il loro cane si accontentasse di una sola carezza. Io non voglio che i miei cani si accontentino, voglio che i miei cani siano felici con me. Sono profondamente convinto, e l'esperienza mi è testimone, che se saprai sorprendere il tuo cane ogni giorno, anche solo starti vicino sarà per lui un'esperienza unica e appagante!

Conclusione

Conclusione

Sei arrivato alla fine di questo breve viaggio nel mondo del rinforzo positivo.

Spero che da questa lettura tu abbia avuto modo di trarre spunti stimolanti per considerare alcuni particolari aspetti della relazione con il tuo cane da una prospettiva diversa.

Quello che ritengo fondamentale trasmettere alle persone che chiedono il mio contributo professionale è la necessità di dotarsi di una visione costruttiva e possibilista. Anche di fronte alla situazione che può sembrare più difficile da risolvere, se si è abituati e allenati a vedere le cose con questa ottica, si scoprirà che c'è sempre un punto di partenza possibile. È chiaro che la strada non sarà sempre semplice e in discesa.

Quello che ti ho descritto in questo libro non è un metodo di training, bensì un approccio flessibile e adattabile a ogni cane e proprietario, utilizzabile sia nel semplice training per costruire una serena gestione, sia in ambiti più complessi come le discipline sportive o l'utilità sociale.

Nel seguire questo approccio c'è un solo scotto da pagare: il mettersi in discussione ogni volta. Dovrai imparare a concentrarti e perseverare nel rinforzare anche il più piccolo aspetto positivo della situazione che ti trovi a vivere con il tuo cane. Vedrai che la tua costanza e la tua coerenza ripagheranno ampiamente questi sforzi generando un vortice di effetti positivi che contagerà anche chi ti sta vicino e magari ha un'altra visione della gestione del cane.

Questo libro divulgativo, non essendo un manuale, ti ha spiegato dei concetti chiave che puoi utilizzare nella vita di tutti i giorni. Se hai già un po' di esperienza troverai subito diversi vantaggi nell'applicarli, ma se questo ti rimane difficile, non preoccuparti, rivolgiti a un trainer esperto che sia rispettoso nei confronti dei cani e che creda profondamente nell'impiego del rinforzo positivo!

Appendice:
alcuni concetti importanti

Leadership

Lo scrivere di questo argomento occuperebbe ampiamente un volume sostanzioso. Questo libro non è un manuale e pertanto non hai trovato indicazioni dettagliate su questo tema. Voglio però passarti in poche righe quello che ritengo il giusto atteggiamento da tenere in merito a questo delicato concetto.

Il tuo cane ha bisogno di una guida, di un punto di riferimento solido, che lo guidi con saggezza e con coerenza sul come comportarsi nel mondo degli uomini, affinché lui possa vivere sicuro e sereno e tu senza problemi.

Il tuo cane non è un lupo che vive in cattività né allo stato brado, è un animale domestico. Come tale, necessita del tuo aiuto e del tuo impegno nel rispettare quelle che sono le sue esigenze di specie e di individuo.

Il valore del "no"

Spesso quando si parla di training basato sul rinforzo positivo si pensa erroneamente a un approccio adatto unicamente a cuccioli o a cani non problematici. Come avrai capito dalla lettura di questo libro, ovviamente non è così.

Altrettanto erroneamente si pensa che chi utilizza il rinforzo positivo sia un trainer permissivo e lasci fare al cane ciò che vuole. Anche questa è un'altra convinzione totalmente errata. Un trainer competente che lavora con il rinforzo positivo, applicando correttamente i principi che regolano l'apprendimento, è una persona che non chiederebbe mai al cane una cosa impossibile da ottenere.

Considerando però che il tuo cane vive in un contesto ambientale complesso, ricco di situazioni spesso imprevedibili, per quanto tu ti possa impegnare è molto difficile riuscire a controllare e prevedere tutto. Ecco qui la necessità di dover avere un segnale che interrompa nell'immediato e con efficacia un comportamento indesiderato.

Ecco, qui può intervenire il "no", la cui efficacia si costruisce solo attraverso la coerenza educativa che il proprietario deve dimostrare nella quotidianità. Il "no" è a tutti gli effetti una leggera punizione positiva. Ritengo che sia del tutto utopistico pensare di riuscire a educare un cane senza l'impiego di un "no", a meno che non lo si faccia vivere in una campana di vetro.

Non dimenticarti mai però che se utilizzerai l'approccio positivo e costruttivo indicato da questo libro, il "no" sarà relegato presto nel dimenticatoio. Ricordati, inoltre, che il "no" non è il contrario di un "bravo": attraverso il "no" il tuo cane non ha indicazione su come deve comportarsi. Prima di tutto, il tuo cane ha bisogno di essere motivato nel fare la cosa giusta, ha bisogno di conferme.

La coercizione è per deboli e crea solo danni!

Pur non essendo né un sociologo né uno psicologo, il mio lavoro di educatore cinofilo mi ha messo in contatto con le situazioni umane più disparate, che mai e poi mai mi sarei immaginato di incontrare.

I miei colleghi sanno bene che il nostro lavoro di **intermediari tra specie** ci porta più volte a interrogarci sul perché quel povero cane, che dal suo proprietario viene indicato come portatore di problemi, è stato adottato o acquistato. Sappiamo benissimo che i cani non bussano alla porta, ma che vengono adottati o acquistati per scelta umana (ahimè, più o meno consapevole).

Spesso il cane è per molti un feticcio, un surrogato, un oggetto sul quale scaricare le proprie frustrazioni, le proprie ansie e le proprie debolezze.

Vivere con gli animali per me rappresenta un'esperienza meravigliosa. Stare in contatto con loro mi permettere di vivere in relazione con quella **parte naturale e atavica** che risiede in ogni essere umano. Condividere la propria vita con un cane è un'esperienza che appartiene all'uomo da più di 15.000 anni e pertanto non si può non rimanere affascinati da questo rapporto di cooperazione che ci lega come specie.

Ormai diversi studi scientifici[2] ci hanno dimostrato che il miglior modo per insegnare è indiscutibilmente l'impiego del rinforzo positivo. Questa verità scientifica non è conosciuta dalla maggior parte delle persone e cozza purtroppo con la modalità educativa più diffusa che la nostra specie è solito usare.

Punizioni, rimproveri, minacce e, perché no, percosse fisiche sono modalità educative molto diffuse nel mondo degli uomini. Sin da bambino, chi più chi meno, sperimenta queste esperienze che sono il frutto di un modello che si tramanda di generazione in generazione, divenendo una **modalità normale**, già vissuta e pertanto facente parte delle dinamiche relazionali tra simili. Un modello acquisito che verrà poi utilizzato nel momento del bisogno e anche nella dinamiche uomo-cane!

Il problema più grande di questa questione non sta nelle persone che, non conoscendo una modalità alternativa per insegnare al proprio cane come comportarsi, utilizzano questo modello educativo, bensì in coloro che in maniera consapevole perseverano nell'utilizzare modalità coercitive e violente, pur sapendo che vi sono altri mezzi più efficaci e più rispettosi.

Come ti ho accennato brevemente in precedenza, in questi anni ho avuto modo di verificare che c'è un tratto caratteriale che accomuna i proprietari violenti: la **debolezza**.

---

[2] Qui di seguito puoi visionare direttamente gli studi più recenti, in merito ai fenomeni appena citati: E. Blackwell, C. Twells, A. Seawright e R. Casey, *The Relationship between Training Methods and the Occurrence of Behavior Problems, as Reported by Owners, in a Population of Domestic Dogs*, "Journal of Veterinary Behavior" 3, 2008, pp. 207-281 (abstract online); M.E. Herron, F.S. Shofer e I.R. Reisner, *Survey of the Use and Outcome of Confrontational and Non-Confrontational Training Methods in Client-Owned Dogs Showing Undesired Behaviors*, "Applied Animal Behaviour Science" 117, 2009, pp. 47-54 (abstract online); R.A. Casey, B. Loftus, C. Bolster, G.J. Richards e E.J. Blackwell, *Human Directed Aggression in Domestic Dogs (Canis familiaris): Occurrence in Different Contexts and Risk Factors*, "Applied Animal Behaviour Science" 152, 2013, pp. 52-63 (abstract online).

Sono persone deboli, perché essere violenti con un cane è molto **facile**, perché coloro i quali sono abituali in questa pratica si mettono sempre in una condizione di forza, di vantaggio e mai paritaria rispetto all'animale.

Sono persone deboli, perché non riescono a controllare i loro impulsi di fronte alla **frustrazione** che si può provare nel non sentirsi capiti relazionandosi con qualcuno che "non parla la propria lingua".

Sono persone deboli, perché nella vita quotidiana non riescono a **farsi valere** e quindi cercano la loro rivalsa fondando il rapporto con il proprio cane sull'intimidazione.

Sono persone deboli, perché imprigionati dal loro stesso **ego**, che non gli permette di apprezzare l'altro e di vivere con pienezza l'animale per mezzo dell'empatia.

Potrei sembrare giudicante in queste righe, ma il non dire tutto questo mi farebbe sentire complice di questa realtà purtroppo ancora molto diffusa ai giorni d'oggi.

Vorrei porre l'attenzione inoltre su un'altra considerazione che non deve passare in secondo piano rispetto alla questione etica. Le modalità di insegnamento basate sull'utilizzo di pratiche violente quali punizioni, intimidazioni e correzioni fisiche, creano danni non solo fisici o psicologici sull'animale che li subisce, ma inducono anche comportamenti problematici, ad esempio escalation dell'aggressività verso il contesto umano, famiglia e non solo, in cui il cane si trova a vivere e a relazionarsi.

Non ci sono più scuse ormai, è finalmente ora di dire **basta** a questi antiquati approcci educativi basati sul modello "bastone e carota", che da taluni vengono addirittura indicati come fondanti un sistema "naturale". A difesa di questo modello spesso vengono tirate in ballo le dinamiche tra cani, e le loro modalità spesso fisiche di relazionarsi. Ma è ovvio che quelle modalità sono proprie degli appartenenti alla stessa specie, noi non siamo della stessa specie, e i cani lo sanno! I 15.000 anni della domesticazione del cane hanno di sicuro spinto le nostre specie ad avvicinarsi, in un patto di cooperazione reciproca, ma da lì a credere che se io mordo il mio cane nell'orecchio gli faccio capire che comando io?! Purtroppo anche alcune trasmissioni televisive, che sono state fatte diventare cult, fuorviano la massa di proprietari poco consapevoli, facendogli credere che quelle modalità di gestione basate sulla forza e la sottomissione siano corrette e naturali.

Voglio citare un passaggio tratto dal libro *Dominanza: realtà o mito?* di Berry Eaton, che racchiude il mio pensiero e che spero ti possa far riflettere:

> Non abbiamo nessun bisogno di essere il soggetto Alfa, il dominante o il capo-branco. Dobbiamo solo essere proprietari responsabili nel gestire il nostro cane e modellare il suo comportamento attraverso la socializzazione e il training, perché lui possa vivere in armonia con noi.

Clicker training e condizionamento, tra mito e realtà

Le novità introdotte in ogni campo tendono inizialmente a generare scompiglio, inoltre esiste sempre una schiera di "persone-contro" che, prima ancora di cercare di capire a fondo la novità, parte subito all'attacco ipotizzando pericoli e insidie che la novità potrebbe arrecare.

L'ambito cinofilo, litigioso per antonomasia, accolse l'arrivo del clicker training ovviamente secondo questa modalità. L'introduzione del clicker in cinofilia non è cosa d'oggi, ma risale a diversi anni orsono, e tutt'ora genera dibattito.

Il clicker training venne introdotto in cinofilia intorno agli anni Novanta dalla trainer di delfini Karen Pryor, che traspose la sua esperienza addestrativa, sviluppata con i mammiferi marini, nel nostro settore. Nel 1992 nella Bay Area, insieme a Gary Wilkes, Karen Pryor tenne il primo seminario chiamato "Don't Shoot the Dog! Clicker Training", al quale parteciparono oltre 250 dog trainer.

■ Appendice: alcuni concetti importanti

Gli addestratori di mammiferi marini utilizzano un fischietto per confermare, al soggetto in addestramento, che il comportamento sottolineato con il "bip" è quello corretto, e che gli fornirà il rinforzo. Il "bip" viene quindi a essere definito in gergo tecnico "bridge" o "marker".

In cinofilia invece il fischietto viene prevalentemente utilizzato per dare al cane segnali a distanza, pertanto si decise di utilizzare uno strumento, semplice ed economico, che producesse sempre lo stesso suono; da qui si arrivò alla scatolina di plastica con al suo interno una linguetta metallica, che una volta premuta, emetteva il caratteristico suono "click-clack"... Ecco come nacque il clicker!

Al posto del clicker si potrebbe utilizzare anche un marker vocale, una parola breve del tipo "ok", "yes", oppure "sì", a patto però che il cane senta sempre questa parola unicamente in associazione con l'arrivo del suo rinforzo. Questo è fattibile di certo, ma visto che l'essere umano è chiacchierone per natura, come marker io preferisco usare il clicker!

Il clicker deve essere considerato per quello che è, uno **strumento utile nella costruzione di abilità**: più quelle che dobbiamo costruire sono complesse, maggiore sarà la sua utilità.

Il clicker training viene spesso associato a un metodo di lavoro, ma a mio avviso questo è erroneo. Ti chiederai: perché?

Perché quello che si deve utilizzare non è il metodo clicker, bensì i principi dell'analisi del comportamento (Behavioural Analysis): condizionamento classico e condizionamento operante.

E qui arrivano i primi problemi concettuali, di natura linguistica. Nella lingua italiana la parola "condizionamento" è prevalentemente utilizzata con accezioni negative. Questo termine viene spesso a essere utilizzato come sinonimo di "circuire", "privare della possibilità di scelta", "manipolare".

Questa idea è più comune di quello che si possa pensare, e pertanto rende negativo anche lo strumento clicker.

Lo scopo di questo scritto non è quello di creare polemiche, ma di fare chiarezza su una controversia che non ha nessuna ragione di esistere, perché il condizionamento non è nulla di eccezionale, è un principio scientifico che, volenti o nolenti, spiega fenomeni naturali che avvengono nella realtà di tutti i giorni. Per assurdo potremmo chiederci se c'è qualcuno contrario alla legge di gravità...

Ogni organismo vivente opera nell'ambiente influenzato dai feedback che l'ambiente gli restituisce: questo è il condizionamento operante. L'esperienza che ogni organismo compie nell'ambiente è un'esperienza cognitiva (attiva processi mentali), che avrà inoltre una valenza emotiva.

Poter influenzare il comportamento del nostro cane mediante un marker e l'elargizione di un rinforzo, questo è clicker training. Catturare e modellare con chiarezza comportamenti indotti da un aiuto esterno o proposto in autonomia, questo è clicker training. Il clicker training è uno strumento che ha delle grandi potenzialità ma che è strettamente correlato all'utilizzatore, la sua precisione può divenire controproducente nel caso in cui chi lo utilizzi lo faccia senza cognizione, confondendo e frustrando il cane.

Quello che credo sia rappresentativo è riferito all'utilizzo che si fa di questo strumento nella preparazione dei cani che lavorano in ambiti sociali di grande importanza, quali la ricerca di sostanze o l'assistenza per disabili motori. È ovviamente possibile lavorare in questi campi anche senza clicker, ma perché abbandonare una strada che porta il cane alla comprensione in maniera chiara e inequivocabile e con un minor dispendio di tempo?

Solo dopo aver sperimentato in prima persona il clicker training, sotto una supervisione esperta, potrai apprezzarne gli enormi vantaggi, e inoltre rimarrai felicemente sorpreso dalla chiarezza con cui il tuo cane comprende quello che succede intorno a lui.

Essere chiari e minimizzare la possibilità di indurre il cane in errore sono due aspetti che ogni bravo proprietario/educatore/

istruttore dovrebbe tenere sempre a mente nel momento in cui lavora con un cane.

Mettiti in discussione e, se non lo hai ancora fatto, sperimenta il clicker training!

Illustrazioni

■ ILLUSTRAZIONI

Figura 1 – La matrice del condizionamento operante di Skinner

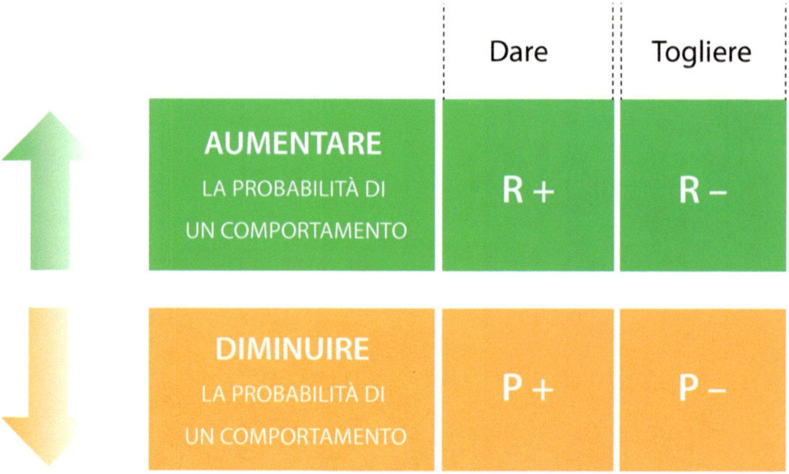

	Dare	Togliere
AUMENTARE LA PROBABILITÀ DI UN COMPORTAMENTO	R +	R –
DIMINUIRE LA PROBABILITÀ DI UN COMPORTAMENTO	P +	P –

Figura 2 - Il potere del rinforzo positivo (R+)

Il rinforzo positivo è uno strumento potentissimo e questo è percepibile in molti eventi della realtà quotidiana. Se possiamo scegliere, cerchiamo di avere accanto persone che ci fanno stare bene, perché la loro presenza è per noi rinforzante. Gli eventi più belli della vita sono costellati da rinforzi positivi!

Figura 3 – Trova almeno nove cose che facciano impazzire il tuo cane

Costruisci un vero e proprio "arsenale" di rinforzi positivi. Non essere noioso ma sii attento a tutto quello che piace al tuo cane e gestiscilo con cura.

Figura 4 – Diverse tipologie di clicker

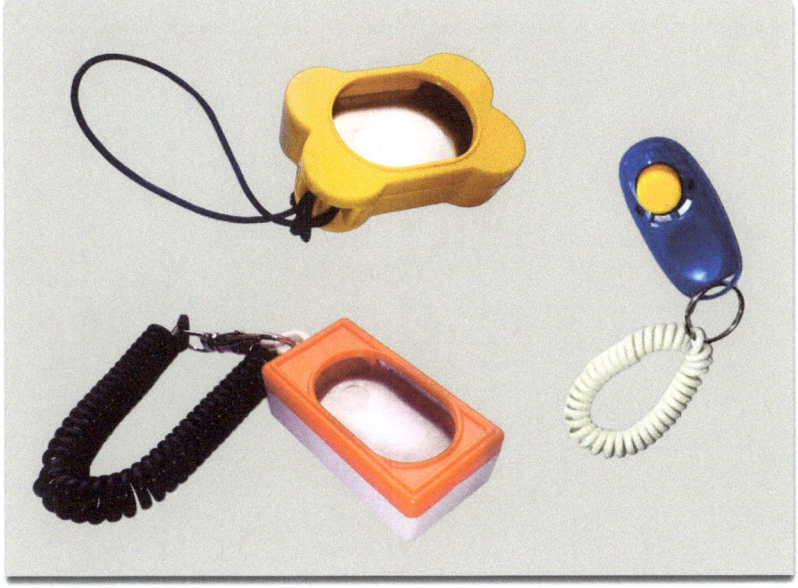

Figura 5 – Attraversare il "ruscello" con la strategia del modella l'impossibile

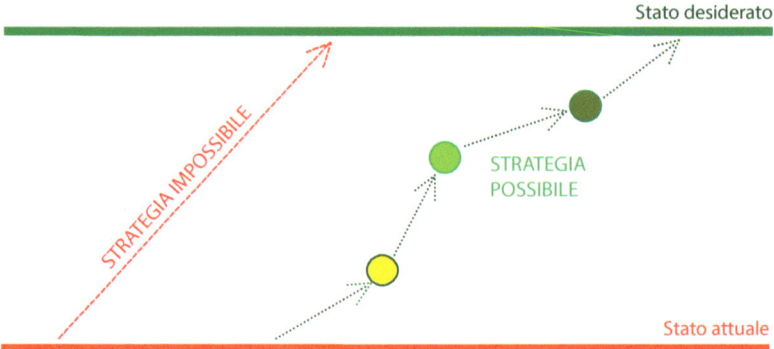

Fotogallery

Capire cosa rende felice il tuo cane è fondamentale, ti permetterà di creare una relazione unica.

FOTOGALLERY

Non soffermarti mai troppo su quelli che tu pensi siano i difetti del tuo cane, ma impara a valorizzarne i punti di forza.

■ FOTOGALLERY

Il rinforzo positivo non è solo dare qualcosa al tuo cane, ma è soprattutto fare qualcosa insieme a lui.

FOTOGALLERY

Cerca sempre di essere chiaro con il tuo cane e ricorda che il tuo corpo comunica anche quando non ne sei consapevole.

■ FOTOGALLERY

Se sarai bravo, il suo gioco preferito sarà giocare insieme a te.

Piccoli passi ben assestati permetteranno al tuo cane di diventare sicuro e fidarsi di te. Non avere mai fretta e ricorda che molto spesso le scorciatoie nascondono delle brutte sorprese.

■ FOTOGALLERY

Modellando l'impossibile si prepara un cane da assistenza. Questo permette a un disabile motorio di ritrovare la sua autonomia ed essere felice.

FOTOGALLERY ■

Vivere un cane è diverso dal semplice averlo. Solo rispettandolo a pieno riuscirai a costruire una perfetta relazione con lui.

Indice

Presentazione di Marta Bottali 7
1. Premessa 11
2. Apprendere dall'esperienza 15
3. La motivazione nel regno dei cani 23
4. Le cinque strategie 29
    Prima strategia: la giusta PROSPETTIVA 31
    Seconda strategia: CHIAREZZA 36
    Terza strategia: RINFORZA SENZA PAURA 42
    Quarta strategia: MODELLA L'IMPOSSIBILE 49
    Quinta strategia: SORPRENDILO OGNI GIORNO 56
Conclusione 61
Appendice: alcuni concetti importanti 65
    Leadership 67
    Il valore del "no" 67
    La coercizione è per deboli e crea solo danni! 68
    Clicker training e condizionamento, tra mito e realtà 71
Illustrazioni 75
Figura 1 – La matrice del condizionamento operante di Skinner 76
Figura 2 – Il potere del rinforzo positivo (R+) 77
Figura 3 – Trova almeno nove cose che facciano impazzire
    il tuo cane 78
Figura 4 – Diverse tipologie di clicker 79
Figura 5 – Attraversare il "ruscello" con la strategia del modella
    l'impossibile 80
Fotogallery 81

www.ingramcontent.com/pod-product-compliance
Lightning Source LLC
Chambersburg PA
CBHW040355190426
43201CB00038B/51